ZHONGGUO XIBU
JIBEN GONGGONG FUWU
WENTI YANJIU

中国西部基本公共服务问题研究

以重庆市人社领域基本公共服务均等化为例

周 洲■著

重庆大学出版社

图书在版编目(CIP)数据

中国西部基本公共服务问题研究：以重庆市人社领域基本公共服务均等化为例 / 周洲著. --重庆：重庆大学出版社，2019.11

ISBN 978-7-5689-1814-5

Ⅰ. ①中… Ⅱ. ①周… Ⅲ. ①公共服务－服务质量－质量评价－研究－中国 Ⅳ. ①D669.3

中国版本图书馆 CIP 数据核字(2019)第 206045 号

中国西部基本公共服务问题研究

——以重庆市人社领域基本公共服务均等化为例

周 洲 著

策划编辑:张菱芷

责任编辑:文 鹏 方 正 版式设计:张菱芷

责任校对:谢 芳 责任印制:张 策

*

重庆大学出版社出版发行

出版人:饶帮华

社址:重庆市沙坪坝区大学城西路 21 号

邮编:401331

电话:(023) 88617190 88617185(中小学)

传真:(023) 88617186 88617166

网址:http://www.cqup.com.cn

邮箱:fxk@cqup.com.cn (营销中心)

全国新华书店经销

重庆俊蒲印务有限公司印刷

*

开本:787mm×1092mm 1/16 印张:11.5 字数:190 千

2019 年 11 月第 1 版 2019 年 11 月第 1 次印刷

ISBN 978-7-5689-1814-5 定价:48.00 元

序言

XUYAN

基本公共服务既是最基本的民生需求,又是政府公共服务职能的“基本底线”。随着我国经济的发展,公民对基本公共服务的需求不断增长,政府基本公共服务供给能力不足的问题日益凸显。俗话说“不患寡而患不均”,除了持续增强基本公共服务供给能力以外,大力推进我国基本公共服务均等化已成为我国经济社会发展的紧迫任务。党的十八届三中全会明确提出:“促进共同富裕,推进社会领域制度创新,推进基本公共服务均等化。”党的十九大报告进一步要求坚持共建共享发展理念,把发展的成果更多更公平地惠及全体人民。2017 年 3 月 1 日,国务院发布《“十三五”基本公共服务均等化规划》,明确到 2020 年,基本公共服务体系更加完善,体制机制更加健全,基本公共服务均等化目标总体实现。由此可见,让人民共享经济社会发展成果,实现“人人共享、普遍受益”的社会发展基本宗旨,是当前体现社会公平,促进社会和谐的关键,必须深入推进我国基本公共服务均等化。众所周知,人力资源与社会保障(以下简称“人社”)领域一直是社会关注的焦点,特别是就业服务、社会保障等内容属于与人们日常生活最紧密相关的基本民生性服务。

在此背景下,重庆大学公共管理学院、重庆大学中国公共服务评测与研究中心受重庆市人力资源与社会保障局的委托,依托重庆大学人文社科发展项目“基本公共服务质量评价问题研究”(2017CDJSK01PT14)的支持,对人社领域基本公共服务均等化的相关问题进行探索性研究,其主要目的在于:首先,根据基本公共服务均等化的一般性概念,结合相关理论研究,基于人社工作实际,厘清人社领域基本公共服务均等化的具体范畴。其次,梳理和归纳国内外在人社领域实现基本公共服务均等化的经验,为人力资源与社会保障局开展基本公共服务均等化工作提供借鉴。最后,为了对人社领域基本公共服务均等化的进程予以全面、客观的评估，对人社领域基本公共服务均等化所涉及的诸多因素进行整理，突出当前的工作重点，找到关键因素，建立有代表性的人社领域基本公共服务均等化指标体系。

本书的撰写得到中央高校基本科研项目（2019CDJSK01XK09）的支持。本书的具体内容安排为：

（1）基本公共服务均等化的概念界定、理论基础及研究现状，人社领域基本公共服务均等化的具体范畴。

（2）重庆市人社领域基本公共服务均等化的现状分析，通过对比分析发现区域差异，明晰问题。

（3）国内外人社领域基本公共服务均等化的经验借鉴，总结归纳国外及我国各省市在人社领域基本公共服务均等化方面的经验。

（4）以重庆市各区县为评估对象，分别基于就业、社会保险、创业、人才、劳动保障五大业务板块，构建人社领域基本公共服务均等化的多指标评估体系，反映重庆市各区县在人社领域实现基本公共服务均等化的现状及动态发展趋势，并提出一系列可操作性强的均等化水平测度方法及具体的算法。

本书相对于本领域已有研究成果的独到贡献表现在：

（1）本书是基本公共服务均等化研究的细化和深化，聚焦于人社领域，一定程度上克服了基本公共服务种类多、差异大等问题，为基本公共服务均等化的实际评估创造了条件。对人社领域的基本公共服务进行了进一步的凝练和拓展，突出重点，集中从就业、创业、社保、人才、劳动保障五个主要方面展开研究。

（2）基于国务院《“十三五”推进基本公共服务均等化规划》、十九大精神构建指标体系，在此基础上根据人社领域基本公共服务未来的一些发展方向，导入一些前瞻性、探索性指标。为避免指标体系出现贪大求全、广而浅的问题，构建指标体系时力求兼顾学术性和可操作性。

（3）就业、社保两大板块是公认的应优先实现基本公共服务均等化的领域，而创业、人才、劳动保障是结合人社局工作实际进行创新性研究的板块，五大板块的基本公共服务均等化指标体系既有共性又突出差异性。例如，五大板块的基本公共服务均等化指标体系都包括机会均等化和结果均等化，就业、创业、人才方面更侧重于实现机会均等化，而社保、劳动保障更侧重于结果均等化，本书通过不同权重的设置来体现这种差异。因此，五大板块指标体系的一级指标都统一为机会均等化和结果均等化两个维度，下面的二级及三级指标再差异化设定。

（4）为扩大本书的应用范围，每个板块的指标体系包含省际比较、重庆市区域或区县比较两套指标，两套指标以共性为主，差异性为辅。①从指标数据的可得性考虑，省际比较的指标数据收集比重庆市内各区县数据收集的难度更大，各省人社领域统计数据的种类、口径差异性较大，且难以统一，因此，省际比较的指标数据比区域或区县比较的指标数据有所简化。②省际比较侧重于宏观比较，区域或区县比较侧重于微观比较。③分区域差异化发展是全国及各地区的主要发展思路，很可能会有按照各区域进行比较的需求，为此，本书将重庆市分为四大区域：主城、渝西、渝东北、渝东南，专门强调了“区域或区县比较”。当然，指标收集上还是以区县为单位，区域指标数据只是相关区县数据的累计。

(5)为了使本书对人社领域基本公共服务均等化评估具有更广泛的指导意义，在各区域、各领域基本公共服务均等化程度的评估中，本书特意使用不同的方法进行均等化程度测算，以期为实务部门提供更多的测算方法参考。

本书由重庆大学公共管理学院的周洲副教授担任主编，负责全书的总纂和审核，重庆大学公共管理学院的聂军博士以及付星榕、静晨曦、李思汕、朱得、杨梦军、夏晓宇等研究生负责全书的撰写、编排与校对。本书在编撰过程中，不仅得到了重庆大学公共管理学院有关领导的大力支持和帮助，在数据和意见建议收集方面，更得到重庆市人社局规划财务处及各部门的通力配合，以集中座谈或分别访谈的形式进行了多次调研，查漏补缺，重点就人社领域基本公共服务均等化的范畴，以及各业务板块均等化指标体系设置的合理性、可操作性等问题，与重庆市人社局的各业务部门进行商讨，实现理论与实践的结合，在此一并表示衷心的感谢。本书的编写参考了大量已有文献资料，并借鉴了国内外很多网站的数据，限于篇幅，书后只列出了主要参考文献，势必有所疏漏，在此谨向相关文献作者致歉，并表示感谢。本书的出版还得到中央高校基本科研项目“加快建设创新型国家背景下地方政府公共服务体系完善与优化研究”(2019CDJSK01PT02)的资助，在此一并致谢。由于人社领域基本公共服务均等化的相关研究尚处于不断探索发展的阶段，加上著者的水平有限，书中难免有不尽人意之处，敬请广大读者批评指正，以便今后修订和完善。

周洲于重庆大学
2019年7月

目录

MuLu

1 绪 论

随着我国进入决胜全面建成小康社会、全面建设社会主义现代化强国的新时期,我国的主要社会矛盾呈现历史性新变化,对发展提出了新要求,共享发展就是习近平总书记在党的十八届五中全会提出的新发展理念,是指导我国进入新时期实现高质量发展的重要思想。共享发展理念要求坚持以人民为中心的发展思想,让改革发展成果更多更公平惠及全体人民,不断促进人的全面发展、全体人民共同富裕①。

基本公共服务均等化是共享发展的重要体现,也是实现共享发展的重要途径,是各级政府肩负的重要职责②。2012 年 7 月,国务院印发了《国家基本公共服务体系“十二五”规划》,统一规定了全国各项基本公共服务的最低保障标准;党的十八大提出到“2020 年总体实现基本公共服务均等化”的目标;2017 年 3 月,国务院又出台了《“十三五”推进基本公共服务均等化规划》,作为推进基本公共服务体系建设的综合性、基础性、指导性文件;党的十九大报告再次将“基本公共服务均等化的基本实现”作为从 2020 年到 2035 年的发展目标,明确提出“加快推进基本公共服务均等化”。由此可见,推进基本公共服务均等化是贯彻落实共享发展理念、全面建成小康社会的应有之义,对于促进社会公平正义、增进

① 迟福林.实现共享发展的历史性新突破[N/OL].经济参考报,2017-10-26.人民网.

② 唐晓阳,代凯.共享发展视域下推进基本公共服务均等化研究[J].岭南学刊,2017(03):58-66.

人民福祉、增强全体人民在共建共享发展中的获得感、实现中华民族伟大复兴的中国梦，具有十分重要的意义。

由于人力资源与社会保障系统的工作涉及就业、社保、人才、人事、收入分配、劳动关系等多个方面，其中相当部分属于基本公共服务的范畴，因此人力资源与社会保障部门肩负着践行共享发展和基本公共服务均等化的重要职责。然而，关于人社领域如何实现基本公共服务均等化尚无系统的政策指导意见或学术研究成果，人社领域的基本公共服务均等化研究尚处于摸索阶段。为进一步推进重庆市人社局基本公共服务均等化工作，在重庆市人社局的大力配合下，本课题组利用理论研究、实证研究、实地调研、专家咨询等方法，对人社领域的基本公共服务均等化问题开展探索性研究，以期为重庆市人社局创新基本公共服务均等化工作的体制机制，提升基本公共服务均等化水平，增强人民的公平感和获得感提供借鉴和参考。本课题主要围绕如下问题展开研究：人社领域基本公共服务均等化的概念界定；相较于其他省市，重庆市人社领域基本公共服务均等化的现状；国内外人社领域基本公共服务均等化的经验借鉴；人社领域基本公共服务均等化的评价体系构建。

本课题研究的指导思想：深入贯彻习近平总书记系列重要讲话精神和治国理政新理念、新思想、新战略，以统筹推进“五位一体”总体布局和协调推进“四个全面”战略布局为目标，坚持以人民为中心的发展思想，从解决人民群众最关心最直接最现实的利益问题入手，以普惠性、保基本、均等化、可持续为方向，充分发挥基本公共服务兜底作用，健全国家在人社领域的基本公共服务制度，完善人社领域各项基本公共服务项目和基本标准，统筹运用各领域各层级公共资源，推进科学布局、均衡配置和优化整合，强化公共资源对人社领域基本公共服务的投入保障，向贫困地区、薄弱环节、重点人群倾斜，推动城乡区域人群均等享有和协调发展。创新服务提供方式，充分发挥市场机制作用，支持各类主体平等参与并提供服务，形成扩大供给合力。提高共建能力和共享水平，全面提升基本公共服务质量、效益和群众满意度，努力提升人民群众的获得感、公平感、安全感和幸福感，实现全体人民共同迈入全面小康社会。

2　基本公共服务均等化的概念界定、理论基础及研究现状

2.1　基本公共服务均等化概念界定

2.1.1　基本公共服务

“公共服务”的概念是从“公共产品”衍生而来。张馨(2004)、高培勇(2004)认为,“公共服务”是与“公共产品”相同的概念,并没有本质的区别。刘尚希(2007)认为政府应该做的事情就是公共服务,政府提供公共服务实际上包括了私人产品和公共产品,因此“公共服务”不能用“公共产品”的概念来涵盖。由于公共产品的定义过于抽象,难以在现实中指导实践。因此,有学者主张在市场和政府二分法的框架下来界定,即凡是市场不能提供或提供不足的物品,或者凡是政府职能范围所在,都属于公共服务,政府应承担起责任。但是市场与政府的边界并不是一成不变,也不是十分清晰。所以,现实中通常采用列举

法，通过具体列举公共服务来界定公共服务的范围。

基本公共服务是指由政府主导、保障全体公民生存和发展基本需要、与经济社会发展水平相适应的公共服务。基本公共服务首先具有保障性，保障公民获得最低标准的生活水平；其次具有公平性，所有公民均可享受同等的基本公共服务；最后具有阶段性，基本公共服务的内容和标准与经济社会发展的水平和阶段相适应，随着经济社会的发展而不断提高。

在社会主义初级阶段，我国实行基本公共服务主要包括以下几个方面：一是民生性基本公共服务，是为了保障公众的生存权，主要包括基本社会保障、就业服务、社会福利和社会救济；二是事业发展性基本公共服务，主要保证人的发展机会和素质培养，包括义务教育、公共卫生医疗、公共文化等；三是基础设施性基本公共服务，是为了保证公众的正常生活，如交通基础设施、生态环境保护、居住、公共通信等；四是安全性基本公共服务，如生产安全、食品药品安全、国防安全、消费安全等。总之，基本公共服务是一项惠及全体社会成员、满足公众对公共服务最低需求的一项综合要求，涉及住房、就业、教育、医疗、养老、环境等多方面。

2012 年的《国家基本公共服务体系“十二五”规划》具体确定基本公共服务涵盖 8 个领域、44 类、80 个基本公共服务项目，一般包括保障基本民生需求的教育、就业、社会保障、医疗卫生、计划生育、住房保障、文化体育等领域的公共服务，广义上还包括与人民生活环境相关的交通、通信、公用设施、环境保护等，以及保障安全需要的公共安全、消费安全和国防安全等领域的公共服务。

2.1.2 均等化

“均等化”的含义主要包括以下几个方面：第一，由于不同区域以及城乡之间的公共服务供给成本存在巨大差异，因此“均等化”并不是简单的“平均化”，均等是指满足人民需求的相对均等，均等不等同于完全相等，而是指允许不同区域、不同文化水平的人拥有不同的均等；第二，均等不仅仅指的是最后结果的均等，其在起点以及过程中的均等同样重要；第三，均等的标准和要求是不断变化和动态发展的，应该根据人民需求的变化更新均等的评判标准；第四，不均等的现象应当是逐渐消除的，并最终实现整体的均等。

2.1.3 基本公共服务均等化

基本公共服务均等化是指不同区域的居民都拥有相同的机会获得所需要的基本公共服务,且其最终获得的基本公共服务水平应相对均等。基本公共服务均等化的内容包含两个方面:一是居民享受基本公共服务的机会均等;二是居民享受基本公共服务的结果均等,在数量和质量上都应大致相等。相比之下,结果均等更重要,而其中的"大致相等"指的是在承认地区、城乡、人群存在差别的前提下,保障所有公民都享有一定标准之上的基本公共服务,其实质是"底线均等"。

2.2 基本公共服务均等化理论基础

2.2.1 福利经济学理论

从某种程度上说,一方面,福利经济学是基本公共服务均等化的经济学基础;另一方面,基本公共服务均等化又拓宽了福利经济学的研究范围。

首先,公共服务均等化在增加社会经济福利的同时,也有助于提高经济效率。相对而言,庇古所倡导的国民收入分配均等化的观点并不可取,公共服务均等化可以说是较为合理的选择,因为收入的均等化一般会导致效率的损失,这有悖于市场经济所倡导的效率原则,政府应该在综合考虑民众实际需求的前提下,通过对公共服务进行"相对均等"的配置来提高效率,促进社会公平。

其次,新福利经济学的方法丰富了基本公共服务均等化的理论基础。由于各地区之间经济发展的差异,导致公共服务供给水平出现失衡现象,为解决这一问题,通常通过转移支付来加以调整,实现地域间基本公共服务的合理分配,进而提高整体的社会福利水平。

最后，与重视财富、经济增长与收入的均等化不同，以阿玛蒂亚·森为代表的后福利经济学则更加关注个人的生存和发展能力以及基本价值判断，同时也关注公平与正义等与福利主义密切相关的系列问题。

从上述分析可以看出，福利经济学的研究范畴与基本公共服务均等化的内涵二者之间存在着交集，而且基本公共服务均等化的实施将有利于提高社会的福利水平，促进社会经济的良性循环，实现可持续发展。基本公共服务均等化为福利经济学的研究拓展了研究范畴，福利经济学也为基本公共服务均等化提供了经济学理论基础。

2.2.2 公共财政理论

公共财政理论是基本公共服务均等化最直接的理论支撑。基本公共服务均等化实现就是从公共财政开始的，没有公共财政的支持和完善就不会有基本公共服务均等化。亚当·斯密确定了公共财政理论的框架，把公共财政的职能界定在公共收入、公共工程、公共服务、公共安全等方面。公共财政的职能主要有稳定经济、收入分配和配置资源，其本质特征是公共性。政府是全体社会成员的利益总代理人，通过公共财政提供公共服务，并要求对全体社会成员提供一视同仁的公共服务，即实现基本公共服务均等化是公共财政的基本目标。

与福利经济学不同，公共财政理论更加关注市场失灵引起的基本公共服务均等化问题，更加关注社会稳定、社会公平、社会运转、和谐发展等问题。公共财政在为社会提供公共服务时，对全体社会成员都是平等的、公平的，即均等化，公共财政一般通过公共收入、公共支出以及转移支付等手段来实现基本公共服务均等化。

2.2.3 社会公平正义理论

公平正义理论是基本公共服务均等化的社会学理论基础，基本公共服务均等化就是社会公平公正的具体体现。基本公共服务均等化首先要考虑的是结果的均等，保障社会成员享受到大致相等的基本公共服务，基本公共服务均等化最重要的是结果的公正，所有社会成员都能享受到基本公共服务。

在市场经济条件下,基本公共服务均等化是实现公平正义的重要措施。虽然市场经济也遵循公平正义原则,市场也具有实现公平正义的功能,且市场规则对每个人都是同等的,任何人都不能游离于市场规则之外而进行市场经济活动。但是,市场经济也是造成社会不公平的主要载体,每个人由于各方面的原因参与市场经济所获得的回报是不一样的,从而造成了收入分配的不公平,出现两极分化现象,因此需要政府通过基本公共服务均等化等措施来加以平衡。

2.2.4 社会契约理论

社会契约论的理念是:首先,政府的权力来源于人民所享有权利的部分转让,政府与人民之间本质上是委托与被委托的关系,政府应当努力为委托人服务。其次,订立契约、形成集体意志的目的是授权政府在公共和平或安全事务方面代表全体做出决策,在于谋求公正。最后,与人民所保留的权利相比,人民转让给政府的权力是次要的,生命、自由等最基本的权利并未转让出去而仍为人民所享有,政府应当努力保障人民的这些基本权利。社会契约论强调国家存在的根本目的在于保护国民的合法权益,创造良好的发展环境。政府提供基本公共服务,保障人民的生存权和发展权,这是政府不可推卸的基本职责,也是其存在的合法性基础。

2.2.5 公共产品理论

萨缪尔森(1954)将产品分为私人产品和公共产品,政府需要弥补市场的缺陷,成为公共产品的供给主体。在公共产品的供给方式上,马斯格雷夫(1959)对提供和生产作了区分。他指出,提供是指谁为公共产品出资,如果公共产品是政府出资,则是政府提供的,而生产是指公共产品由谁运用生产要素生产出来。公共产品可以由政府生产,也可以由私人生产,公共产品的提供并不要求必须有公共生产的管理。罗纳德·科斯(1974)从产权制度的角度,以英国的灯塔为例,提出了公共产品的私人提供问题。他指出,英国早期的灯塔一直是由私人建造、管理和所有,并对因此受益的过往船只在港口收取一定的费用,而政府的作用只限于灯塔财产权的建立与执行。现实社会中存在多样化的选择,政府不应是唯一的甚至不是有效的供给者,公共产品能够由市场和政府同时供给。公共产品的特点决定了政府是提供公共服务的主体,在基本公共服务均等化过程中,应发挥主导作用。同时,可以积极创新供给方式,引入市场因素,引导私人或社会团体参与其中,提高供给的效率。

2.2.6 小结

上述理论从“为什么”的角度说明了政府提供基本公共服务的必要性问题,为政府在提供公共服务中应承担的责任提供了充分的理论依据。社会契约论强调政府的权力来源于人民部分权利的转让,政府应当保障人民的基本生存权和自由权,社会个体成员订立契约的目的是维护社会和平与正义,国家应努力提供一个公平、公正的社会环境。而公共产品的特性决定了市场机制难以发挥作用,须由政府来提供,达到促进国民收入公平分配,实现社会福利最大化的目的。

享有基本公共服务属于公民的权利,提供基本公共服务是政府的职责。当前我国还存在着较严重的贫富分化和社会弱势群体问题,如何在政治、经济、社会、文化等领域实现社会公平、公正,为全体社会成员提供均等化的公共服务,保障公民的生存权和发展权,这是我国乃至世界仍需进一步解决的问题,也是我国实现和谐社会的必然要求。

2.3 基本公共服务均等化研究现状

2.3.1 国外研究现状

1)基本公共服务均等化理论研究

国外对基本公共服务均等化的研究最早可追溯到亚当·斯密(Adam Smith,1753)时期，他提出并分析了公共服务公平供给问题，指出国家有责任和义务为国民提供公平的公共服务；福利经济学代表人物阿瑟·庇古（A. C. Pigou，1924）认为国民收入总量、国民收入分配均等程度均与经济福利呈正相关关系；公共物品理论代表人物保罗·萨缪尔森（Paul，A. Samuelson，1954）和理查德·阿贝尔·马斯格雷夫（Richard Abel Musgrave，1959）为基本公共服务均等化研究提供了理论基础，萨缪尔森认为纯公共物品具有非竞争性与非排他性的特点，应由政府提供，并平等地由国民享用。

2）基本公共服务均等化评价标准

西奥多·伯格斯特姆（T. C. Bergstrom，1973）充分考虑了个人偏好差异及收入差距等问题，建立了个人公共服务需求模型，并提出政府必须考虑公众需求；萨瓦斯（E. S. Savas，1978）认为公共服务均等化应从支出公平、效果公平、投入公平与需求满足程度四个维度进行评价；博伊恩（G. Boyne，2001）认为基本公共服务均等化需要充分考虑地方公共服务需求、权利与税收努力程度的差异；而罗默（J. E. Roemer，1993）则更强调机会均等，他认为机会均等可以提高公共服务供给效率。

3）基本公共服务均等化实现路径

国外学者对公共服务均等化影响因素的研究主要集中在两大方面：财政分权与财政转移支付。布坎南（J. M. Buchanan，1950）以财政支出为研究视角，认为财政剩余的均等化有助于基本公共服务均等化的实现，个人条件相同，其获得的财政剩余也应该相同，并认为财政转移支付有利于降低因地区发展不平衡而带来的财政剩余不平等程度；斯玛特（M. Smart，2005）认为在地方政府征税努力程度相同的情况下，需要通过财政转移支付的方法实现政府间财力大致均等，从而使各地方政府有能力为人民提供大致均等的服务；Kotsogiannis（2006）研究了财政分权模式下财政均等与地方政府标尺竞争的关系，认为地区间政府相互模仿、地方官员谋求晋升等而展开的标尺竞争将会促进公共服务均等化的实现。

2.3.2 国内研究现状

目前,国内关于基本公共服务均等化的研究主要集中在以下几个方面:

1)基本公共服务均等化含义的研究

目前,关于基本公共服务均等化的含义并未形成规范统一的描述,国内学者主要从三个角度作出表述:

(1)基本公共服务均等化的定义。我国政府将基本公共服务均等化的定义表述为:"公共服务均等化是公共财政的基本目标之一,是指政府要为社会公众提供基本的,在不同阶段具有不同标准的、最终大致均等的公共品和公共服务。"多数学者采用正反结合的方法作出描述,认为基本公共服务均等化不是平均主义,不是居民享有基本公共服务数量上的绝对相等,而是在全国统一制度的安排下,全体民众享有基本公共服务的机会均等,结果大致相同。

(2)基本公共服务均等化的内涵。主要通过两种方式进行描述:一是采用定性方法对均等化内涵予以描述。安体富(2007)认为均等化是一种均衡化状态,均等是大体上而非绝对意义上的平均相等,均等包括机会和结果均等两方面,同时指出基本公共服务均等化侧重于结果均等。常修泽(2007)认为,起点上的机会均等、提供中的选择权均等以及结果均等是贯穿基本公共服务全过程的内涵表达。二是采用定量方法对均等化作出基本判断。通过静态时点上不同区域基本公共服务水平差距的度量或者样本期内同一研究对象基本公共服务水平变化趋势的测度对基本公共服务均等化程度进行表述。

(3)基本公共服务内涵的衍生性理解。刘蕾(2009)指出,基本公共服务是公共品全集中满足居民基本需求的一个子集,基本公共服务均等化本质上是政府行为以社会福利最大化为准则,在公平原则的指导下,对不分地区、职业和身份的所有民众提供满足基本需求的公共服务。

2)基本公共服务均等化的研究视角

基本公共服务均等化的研究集中于地区差距和城乡差距两个视角。

(1)地区基本公共服务水平差距研究。地区差距研究主要从两个角度分析：一是基本公共服务省内差距研究，比如一些学者对新疆、甘肃等省市的基本公共服务空间分布和质量差距进行测评；二是基本公共服务地区差距研究，比如一些学者对东、中、西部的地区基本公共服务的影响因素进行定量分析。

(2)城乡基本公共服务水平差距研究。城乡差距研究主要集中在城乡基本公共服务水平差距的原因探析和对策研究方面。先后有学者从地方财政体制等角度研究缩小城乡基本公共服务差距的对策。

3)基本公共服务均等化的范围和衡量

在基本公共服务的范围、测量指标上并未达成一致，如刘成奎、王朝才(2011)利用社会保障、卫生服务、义务教育和基础设施四大指标，构建了一个均等化指数。曾红颖(2012)将基本公共服务范围确定为包括社会保障和就业、教育、医疗卫生、公共安全、环境保护和交通运输在内的九类服务。但由于基本公共服务的范围是一个动态发展的过程，其覆盖的最小边界是随着经济的发展程度而不断扩展的。关于基本公共服务均等化水平的衡量，各位学者从不同角度采用不同方法作出描述：

(1)通过数字列示直接刻画基本公共服务均等化程度。李勇刚、高波(2014)以人均教育经费支出绝对额作为地区间义务教育不均等的衡量指标；豆建民、刘欣(2011)以人均卫生经费衡量基本医疗均等化程度；孙涛(2015)选取义务教育投入单一指标分析相邻年份省际义务教育经费增长率和生均经费额的差距。

(2)通过指标得分和各类系数测度基本公共服务均等化水平。主要做法是设计出关于衡量基本公共服务均等化的包含主客观指标的评价体系，在确定各指标权重的基础上，通过评分方法，根据运算法则对基本公共服务均等化水平做出基本判断。比如，郭宏宝(2008)设计出关于衡量基本公共服务均等化的主客观指标的评价体系，并在确定各指标权重的基础上，通过功效系数确定均等化的上下限进而对基本公共服务均等化水平做出基本判断。

4)基本公共服务非均等化格局形成的原因

(1)从体制层面分析，研究者普遍认为分权财政体制与二元经济体制是造成基本公共服务不均等的主要因素。一部分学者认为中国式分权没有形成基本公共服务的偏好机制,地方政府在公共服务提供上具有选择性,偏好于短期内有利于地区经济增长的公共服务提供,对基本公共服务的资金投入明显不足。此外,还有一部分学者认为二元经济体制的长期存在是造成基本公共服务城乡差异的主要原因。

(2)从政府层面分析,主要包括四个原因:一是政府职能定位不准。基本公共服务非均等化是我国政府公共职能没有准确定位的直接表现,财政激励机制下的地方政府财政支出结构不合理导致基本公共服务均等化程度较差。二是政府间事权和支出责任划分不清晰。权责在中央和地方政府间划分不清严重影响了基本公共服务的提供水平和效率。三是基本公共服务不均等是地方政府竞争的必然结果。现行财政分权体制下对地方政府的激励机制导致其行为偏向于经济效率明显的项目,对于不纳入绩效考核的领域缺乏财政支出动力,地方政府行为倾向于竞争化导致基本公共服务提供严重不足。四是地方政府基本公共服务支出效率低下。中央在提供基本公共服务上具有信息劣势,导致转移支付资金用于地方基本公共服务的效率下降,加大了地区间基本公共服务差距。

(3)从制度层面分析,研究者普遍认为当前的转移支付制度对基本公共服务均等化改善效果较弱。一是对转移支付效果的总体评价,研究结果呈现较明显的不一致性。部分学者认为转移支付对地区财力具有均衡作用,在一定程度上缩小了地区间人均财政收入差距;郭庆旺和贾俊雪(2008)、田发(2010)等学者却认为转移支付均等化效果较差或者不足。二是对转移支付方式的财力均衡效果分析,研究结果相似度较高,普遍认为税收返还和专项转移支付扩大了地区间财力差距,而一般性转移支付方式有效地均衡了地区财力。

5)推进基本公共服务均等化发展的对策

(1)体制改革层面。主要集中于政府间财政关系的划分、公共财政体制的建立、明确各级政府提供基本公共服务的分担机制等角度。

(2)制度设计层面。一方面集中于转移支付制度的具体设计,如在转移支付制度中提高一般性转移支付份额和选择纵横结合模式;另一方面要求对财政支出制度进行合理调整,如龚金保(2009)认为应该调整和优化公共财政支出制度,保障基本公共服务资金的充足性。

(3)政策层面。赵云旗、申学锋(2010)通过对浙江、江西和陕西三省的调研,认为财政支出结构的合理化调整和财税政策倾斜可以有效提升基本公共服务均等化水平。

2.4 人社领域基本公共服务均等化的范畴

人社领域基本公共服务均等化是保障公众生存权的民生性基本公共服务均等化,主要内容包括:建立健全覆盖城乡劳动者的劳动就业公共服务体系,完善普惠性的公共就业创业服务制度,创新公共就业创业服务供给模式,完善公共就业创业服务功能。建立更加高效便捷的社会保险经办管理服务体系,整合经办管理服务资源,合理配备经办管理服务人员。健全人才公共服务体系,加强高层次、高技能人才服务平台建设,构建全国一体化的人才公共服务网络。建立健全流动人员人事档案管理服务体系。全面公开人力资源和社会保障公共服务项目清单,优化公共服务流程,简化办事环节和手续,提升公共服务可及性①。

在人社系统的主要业务板块中,基本社会保障(主要是社会保险)、就业、创业和劳动保障都属于国家基本公共服务制度框架中的重点任务范畴,在国务院制定的基本公共服务清单中占了17项。其中,基本社会保险和基本就业服务是实现人社领域基本公共服务均等化的“主战场”,而创业、人才、劳动保障的基本公共服务均等化是需要结合人社部门工作实际进行创新性研究的业务领域,应主要着眼于打造相对公平的创业环境、人才吸引环境,以及提供公正高效的劳动人事争议仲裁、劳动保障监察等公共服务(表2-1)。基本社会保障、劳动保障主要实现结果均等,就业、创业、人才方面应侧重于机会均等。

---

① 参见国家《人力资源和社会保障事业发展“十三五”规划纲要》。

表 2-1　人社领域基本公共服务均等化的范畴

序号	业务板块	评价标准	服务对象
1	就业公共服务均等化	就业介绍服务均等 就业指导服务均等 就业培训服务均等 就业援助服务均等	失业登记人员;有就业需求的劳动人口;有提升就业技能需求的劳动者等
2	基本社会保险公共服务均等化	基本医疗保险服务均等 基本养老保险服务均等 基本失业保险服务均等 基本工伤保险服务均等 基本生育保险服务均等	基本医疗保险、养老保险、失业保险、工伤保险、生育保险参保人员
3	创业公共服务均等化	创业政策环境均等 创业服务水平均等	城乡失业者、农村富余劳动力、大学生等有创业需求的劳动群体
4	人才公共服务均等化	人才吸引环境相对均等 人才吸引结果相对均等 人才发展机会相对均等	具有高学历、高技能、高素质的人才群体
5	劳动保障公共服务均等化	劳动人事争议仲裁服务均等 劳动保障监察服务均等	有劳动人事争议仲裁需求的劳动群体,弱势劳动群体等

2.4.1　就业公共服务均等化

就业公共服务均等化是指全社会中凡是符合就业基本条件的社会成员都享有政府提供的均等的就业机会和大致相同的就业结果。主要包括以下三个方面的内容:一是全体社会成员享有的公共就业服务的资源投入均等,如公共就业服务的财政投入、基础设施建设投入等;二是全体社会成员获得公共就业服务的内容均等,如就业援助服务、再就业培训等;三是全体社会成员获得公共就业服务的结果均等,如公共就业服务的覆盖率、享受的就业保障等。

2.4.2 基本社会保险公共服务均等化

基本社会保险主要指基本养老保险、基本医疗保险、失业保险、工伤保险和生育保险，其中又以基本养老保险和基本医疗保险最为重要。基本社会保险均等化是指居民应当不分城乡、不分地区、不分职业享有基本社会保险的权利。在社会保障总体框架体系基本形成的格局下，增强公平性、适应流动性和保证可持续性已成为基本社会保障均等化的三个重点。

2.4.3 创业公共服务均等化

创业公共服务均等化是指不同阶层、不同地区创业主体在享受政策环境、服务内容、服务水平等方面的机会均等、权利平等①。创业政策环境主要包括简化企业注册流程、金融支持、税费减免、社会保障、舆论支持等政策制定及落实的均等化。创业服务内容主要包括政策宣传、创业培训、创业项目征集推介、创业孵化、创业融资等服务内容均等化。创业服务水平主要包括公共服务机构设施建设、设备配置、人员配备、服务流程、财政投入等资源分布的均等化②。

2.4.4 人才吸引公共服务均等化

人才吸引公共服务均等化指各地区的人才吸引环境相对均等，以及人才吸引结果大致均等。其中，人才吸引环境均等化主要指人才吸引政策体系完备，人才选拔机会和评价标准相对公平，人才激励和人才服务工作相对均等；人才吸引结果均等化主要指各地区人才队伍在结构上和质量上相对均等。

---

① 樊婷. 基本公共服务均等化视角下的杭州市公共就业服务问题研究[D]. 杭州：浙江大学，2011.

② 周庆华，熊伟，张莉，等. 论我国省市公共就业与创业服务体系的建设、创新和发展——以陕西省为例[J]. 陕西教育学院学报，2012，28(02)：1-7.

2.4.5 劳动保障公共服务均等化

广义的劳动保障公共服务均等化是指广大劳动者在就业政策、劳动环境、工资报酬、制度保障等方面享有平等的权利。狭义的劳动保障公共服务包含两个方面:劳动人事争议仲裁和劳动保障监察。劳动人事争议仲裁服务均等化主要指各地区仲裁效率、仲裁公正(包括程序公正和仲裁结果的公正)的相对均等化等,劳动人事争议仲裁服务有利于保护广大劳动者的基本权益,构建和谐的劳动关系。劳动保障监察,是指劳动保障行政机关就遵守劳动保障法律法规等情况依法对用人单位进行监督检查,及时发现和纠正违法行为,并对违法行为依法进行行政处罚或行政处理的行政执法活动。加强劳动保障监察能力建设,强化劳动保障监察执法,建立市级举报投诉联动处理机制,完善行政执法与刑事司法衔接机制,整治突出违法问题,有利于保障劳动者合法权益,维护和谐稳定的劳动关系。劳动保障监察服务均等化主要指各地区监察案件处理效率、监察处理公正性(包括程序公正和处理结果的公正)的相对均等化等。

3　重庆市人社领域基本公共服务及均等化的现状分析

3.1　人社领域基本公共服务均等化概述

我国一直以来都非常重视基本公共服务的提供及其均等化，自“十二五”以来，政府出台了一系列相关政策措施，进一步加快了基本公共服务均等化的实施步伐。在中央政策措施的带动下，各地各级人社部门纷纷开展了以推进基本公共服务均等化、发展社会事业为主要内容的改革实践和探索，并取得了一定成效：截至“十二五”期末，全国就业人员达到77 451万人，“十二五”期间累计新增城镇就业人数6 431万人，比“十一五”期间增加660万人，劳动者参加就业技能培训后就业率平均达70%以上，保持了就业局势的基本稳定。城乡居民的社会保障体系已经基本建成，各参保人员的待遇水平显著提高，基本医保参保率超过95%，大病保险覆盖全部城乡居民医保参保人员，城乡居民每人每年基本医疗保险补助标准提高到380元。不断推进重大人才工程，人才队伍建设方面取得重大成果，高技能人才总量达到4 501万人。进一步完善工资收入分配制度，逐步规范了收入分配秩序，最低工资标准年均增长率达到13.1%。劳动关系总体和谐稳定，劳动者合法权益得到有效维护，企业劳动合同签订率和企业集体合同签订率分别提高到90%和80%，劳动人事争议仲裁结案率也提升至95.2%[①]。

虽然我国各地各级政府对人社领域基本公共服务给予了高度重视，使各地区人社领域基本公共服务无论在"量"还是"质"上都普遍得到较大提升，由于受资源要素禀赋差异、经济发展差异等因素的影响，人社领域基本公共服务均等化问题还没有得到很好的解决。特别是我国经济由高速增长转向高质量发展以后，人民需求已经从"有没有"时代进入"好不好"时代，物质需求从供不应求转变为供大于求，从普遍的短缺转变到普遍的过剩，而精神需求日益旺盛，特别是对包括公共服务在内的各种服务提出了越来越多的要求，更加注重服务的质量，而基本公共服务均等化就是服务质量的一种体现，这就使得基本公共服务的非均等化问题更加突出，甚至可能成为影响社会公平和稳定的重大因素。俗语说"不患寡而患不均"，根据亚当斯的"公平理论"，人们一旦感觉到不公平，即使自己获得的公共服务已经比以前有所增加，但主观的满足感和获得感仍会大大降低。党的十九大报告指出，我国社会主要矛盾"已经转化为人民日益增长的美好生活需要和不平衡不充分的发展之间的矛盾"。高质量的经济增长要实现"稳"与"进"的协调发展，就必须解决我国社会主要矛盾中包括基本公共服务不均等在内的"不平衡"问题。因此，在人民群众的公平意识、民主意识、权利意识不断增强的今天，合理引导社会预期、加快基本公共服务均等化的任务就变得更加艰巨。

当前，我国人社领域基本公共服务均等化呈现出"总体水平偏低、发展不平衡"的整体基本特征。"总体水平偏低"主要体现在公共服务的发展滞后于整体经济发展，公共服务供给数量和质量均落后于人民大众的现实需求。"发展不平衡"则表现在以下几个方面：①地区之间公共服务供给存在差异，东部整体优于中西部，城乡间资源配置不公平不均等，农村公共服务比较短缺；②各类基本公共服务之间的发展存在不均等，相对于备受关注的社会保障、就业创业，人才吸引、劳动关系等方面的基本公共服务供给还非常有限；③硬件服务和软件服务不协调；④公共服务人才的短缺与配置不均衡并存，公共服务水平方面存在较大差异；⑤一些服务项目存在覆盖盲区，尚未有效惠及全部流动人口和困难群

① 参见国家《人力资源和社会保障事业发展"十三五"规划纲要》。

体；⑥各地区体制机制创新程度、社会力量参与力度的不均衡。

“十三五”时期是全面建成小康社会的决胜阶段，完善国家基本公共服务体系、推动基本公共服务均等化水平稳步提升，面临新机遇的同时也迎来了挑战，提高公共服务供给质量和水平的要求更加紧迫。今后人社领域基本公共服务均等化的主要目标是：逐步提高公共服务均等化水平，使城乡之间、各个区域之间的基本公共服务总体实现均衡，显著提高基本公共服务的可及性，建立更加明确的人社领域基本公共服务标准体系，并实现动态调整机制，完善基本公共服务供给保障措施，进一步夯实基层服务基础，不断创新基本公共服务的供给模式，形成可持续发展的长效机制。完备各项制度规范，使基本公共服务的提供和享有都有规可循、有责可究。到 2020 年，在劳有所得、病有所医、老有所养等人社领域总体实现基本公共服务均等化①。

众所周知，财政资金保障是基本公共服务的根本保证，从图 3-1② 可以看出，2007—2016 年全国人均社会保障和就业支出呈上升趋势，人均社会保障和就业支出由 2007 年的 412 元上升到 2016 年的 1 497 元，年均增长率达到 15.4%。说明国家对社会保障和就业支出的投入越来越重视，全国人社领域基本公共服务的保障水平越来越高。此外，如图 3-2 所示，长期以来，全国人均社会保障和就业支出与人均财政支出之间基本保持同步增长之势，某些年份人均社会保障和就业支出的增长率甚至高于人均财政支出，尤其是近年来，全国人均社会保障和就业支出的增长率远远高于全国人均财政支出增长率，说明国家和各级地方政府坚决“保民生”的决心，在财政收支矛盾的巨大压力下，仍不遗余力地加大对人社领域的财政资金投入力度。

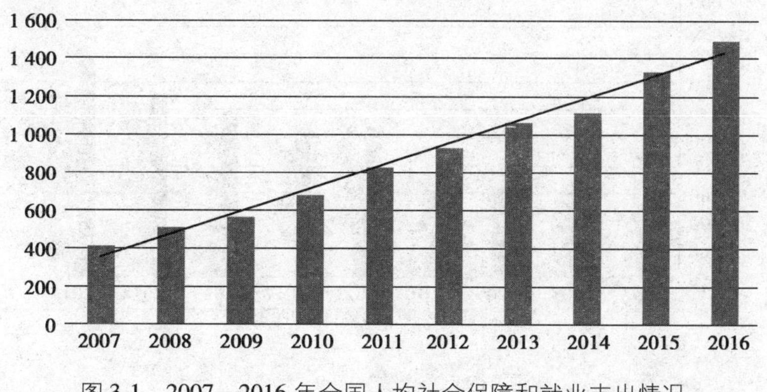

图 3-1　2007—2016 年全国人均社会保障和就业支出情况

① 参见国家《“十三五”推进基本公共服务均等化规划》。

② 如无特殊说明，本书所用数据均来源于《中国统计年鉴》《中国劳动统计年鉴》及《重庆统计年鉴》。

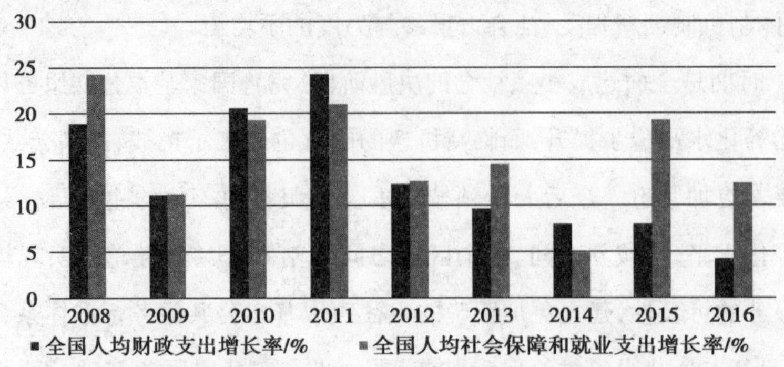

图 3-2　2008—2016 年全国人均财政支出与人均社会保障和就业支出的增长率

另外，中国幅员辽阔，各地自然、地理、历史、经济、社会条件迥异，使地区间政府在提供基本公共服务时表现得很不平衡，地区间差距巨大。如果以人均社保财政支出来间接反映各地区基本公共服务供给差异，则从图 3-3 可以看出，东、中、西部地区①的人均社保财政支出都呈现出逐年增长的趋势，从 2009 年以后，西部的人均社保财政支出甚至超过了东部，可能的原因是西部地区各级政府在财力有限的情况下，仍最大限度地保障社保支出，也可能是源于近年来中央下大力气缓解区域之间基本公共服务不均等的问题，加大了对西部地区的转移支付力度。虽然中央加大了对西部地区人社领域基本公共服务建设的倾斜力度，但由于“历史欠账”以及资金使用效率等问题，西部地区基本公共服务的提升速度是否已超过东部地区，东西部地区在基本公共服务领域的差距是否在缩小，还需要更多数据加以深入分析。

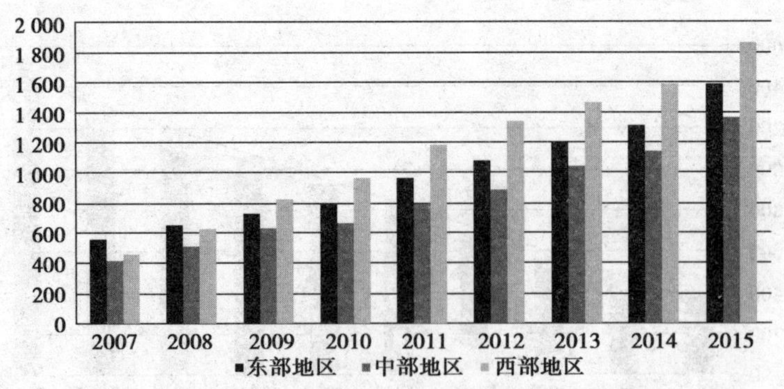

图 3-3　东、中、西部地区人均社保财政支出的差异

① 东部地区包括北京、天津、河北、辽宁、上海、江苏、浙江、福建、山东、广东和海南等省市。中部地区包括吉林、黑龙江、山西、安徽、江西、河南、湖北和湖南等省。西部地区包括内蒙古、广西、重庆、四川、贵州、云南、西藏、陕西、甘肃、青海、宁夏和新疆等省区市。

如果进一步以社会保障为例，从图3-4可以看出，近年来城乡居民基本医疗保险基金中公共财政支出的比重有下降趋势，而城乡居民基本养老保险基金中公共财政支出比重则小幅上升。在公共财政对城乡居民基本医疗保险的投入力度方面，西部 > 中部 > 东部，而公共财政对城乡居民基本养老保险的投入力度方面，中部 > 西部 > 东部。

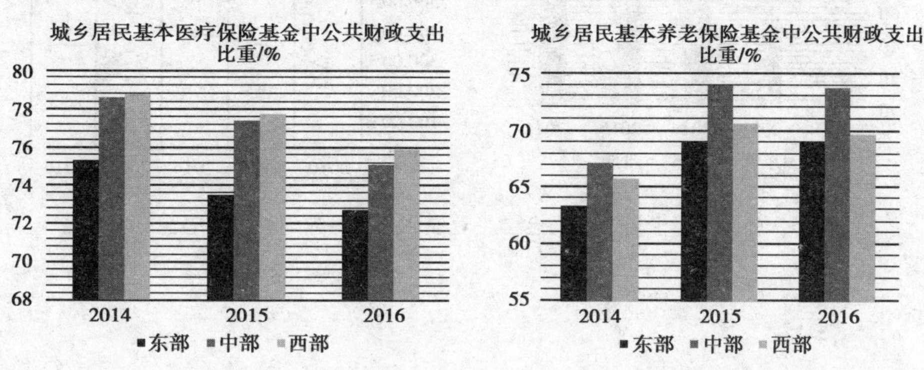

图3-4　城乡居民基本医疗保险及基本养老保险基金中公共财政支出用比重

从图3-5可以看出，在城镇职工基本医疗保险方面，财政投入所占比例总体上非常少，相对而言，中部的财政支持力度遥遥领先于东部和西部，近年来西部在城镇职工基本医疗保险方面的财政支持力度有所加强，而东部则有所降低。在城镇职工基本养老保险方面，情况有所不同，中部和西部的财政支持力度较为接近，但远远大于东部，虽然东部地区在城镇职工基本养老保险方面的财政支持力度在逐年增加，但与中部和西部的差距仍十分明显。

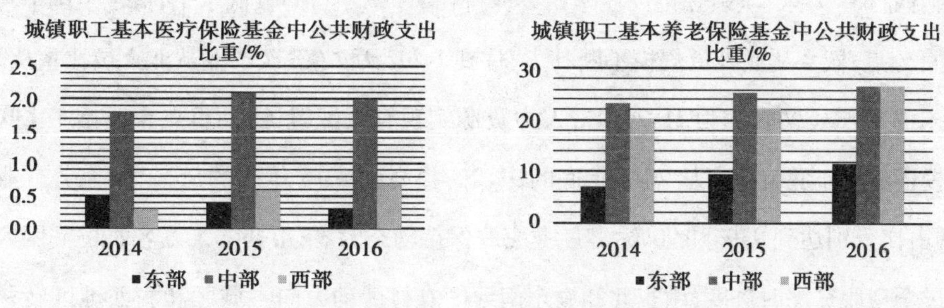

图3-5　城镇职工基本医疗保险及基本养老保险基金中公共财政支出比重

从图3-6可以看出，近年来各地区的社会保障卡普及率不断上升，特别是2010—2013年有较大跃升。从社会保障卡普及率的绝对值来看，呈现出东中西部逐级降低的态势。

值得注意的是，近年来全国企业退休人员月人均基本养老金的标准差逐年上升，说明各地区企业退休人员月人均基本养老金的差距逐渐扩大。

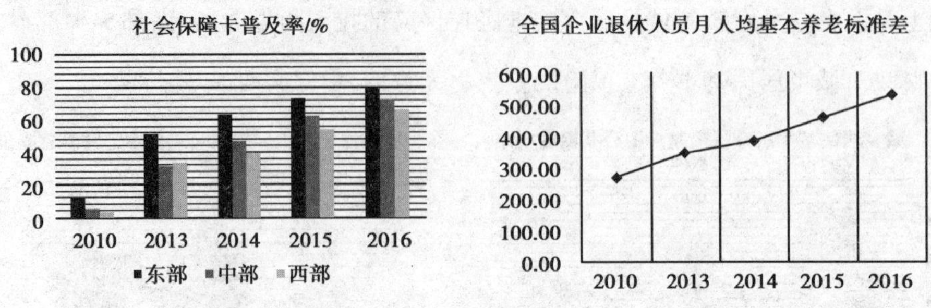

图 3-6　社会保障卡普及率及全国企业退休人员月人均基本养老金标准差

3.2　重庆市人社领域基本公共服务及均等化概况

近年来，重庆市人力资源和社会保障系统按照中央“坚守底线、突出重点、完善制度、引导预期”民生工作总要求和全市民生工作总原则，紧紧围绕“科学发展、富民兴渝”总任务，全面完成“十二五”时期主要目标任务，为保障和改善民生，加快转变经济发展方式和维护社会和谐稳定做出了重要贡献①。

（1）就业局势总体持续稳定。就业规模不断扩大，就业结构逐步优化，“十二五”期间城镇新增就业331万人，城镇登记失业率始终保持在3.5%左右的较低水平，低于全国平均水平0.6个百分点；城乡从业人员规模不断壮大，达到1 707万人；三次产业从业人员比重从“十一五”期末的40∶23∶37转变为31∶28∶41；人力资源实现有效配置，协助重点企业招工130万人次；高校毕业生年底就业率从2011年底的91.2%提高到2015年底的95.2%；充分就业社区和村的占比分别达到93%和90%，零就业家庭保持动态为零；帮扶7.5万名农村贫困人员就业，超过全市脱贫序时进度；渝东北和渝东南地区农村劳动力向主城区和渝西地区转移就业66万人。

（2）基本建立覆盖城乡的社会保障体系。重庆市人社部门按照“全覆盖、保基本、多层

① 详见《重庆市人力资源和社会保障事业发展“十三五”规划》。

次、可持续”方针，实现了社会保障制度城乡统筹、基金管理市级统筹和经办服务五险统筹，实现社会保障卡发放全市全覆盖，基本实现人人享有社会保障目标。截至2015年末，全市养老、医疗保险参保率分别提高到95%、96%，失业、工伤和生育保险参保人数较“十一五”期末分别增长了85%、61%、101%。2015年基金收入和支出较2010年分别增加760亿元、694亿元。全市企业退休人员月人均基本养老金较“十一五”期末翻了近一番；城乡居民养老保险待遇最低标准达到95元；城乡居民合作医疗保险财政补助标准提高至380元，大病医疗保险实现城乡居民全覆盖。城镇职工医疗保险住院政策范围内报销比例达到83%，城乡居民医疗保险在二级及以下医院住院政策范围内报销比例达到75%。

(3)人才队伍建设取得新成效。把人才优先作为工作主线贯穿始终，强化“政策、问题、需求”三个导向，大力实施人才强市战略。截至“十二五”期末，全市人才资源总量达到508万人，专业技术人才总量达到139万人，高、中、初级结构比例达到9.7∶37.9∶52.4。全市技能人才总量达到320万人，其中高技能人才89万人，占技能人才的27.8%，高于全国平均水平。

(4)工资收入分配秩序逐步规范。着力提高城乡居民特别是低收入者的收入，逐步提高劳动待遇标准，每两年调整一次最低工资标准，由每月680元调整到1 500元。城镇在岗职工平均工资增长率达11.9%，最低工资标准占城镇在岗职工月平均工资的比重提升至29%，城镇非私营单位在岗职工年平均工资由35 326元增加到62 091元，城镇私营单位就业人员年平均工资由30 965元增加到44 213元。

(5)劳动关系总体和谐稳定。保障劳动者合法权益，注重从源头上预防化解侵害劳动者权益的突出问题，基本实现劳动关系协调机构的全覆盖，全市备案的当期有效集体合同数量翻了两番，全市劳动合同签订率连续五年维持在93%以上，劳动人事争议案件结案率保持在95%以上，劳动保障监察结案率高达99%。“十二五”期间共处理拖欠农民工工资案件2.3万件，涉及人数54.8万人、金额57.1亿元。

(6)机构服务能力大为增强。着力“一站式服务”建设，推进软硬件服务设施的标准化。截至“十二五”期末，完成市级和34个区县(自治县)社保经办机构“五险”整合，所有区县(自治县)的人才市场和劳动力市场实现了整合，就业社会保障服务平台标准化建设覆盖了33个区县(自治县)、951个乡镇；全面完成金保工程一期，实现参保人员在全市医疗保险定点医疗机构、定点药店和村卫生室就医购药的即时结算，与7省（区）实现异地就医联网结算，“12333”电话咨询服务热线的日均接听电话达到近万个。

由此可见，重庆市人社领域的基本公共服务取得了长足发展，总体水平得到较大提升，但重庆仍处于欠发达阶段，仍属于欠发达地区，城乡间、区域间、群体间的基本公共服务差距仍在扩大，社会保险、人才吸引、劳动关系、就业创业等领域的部分基本公共服务供给非均等化现象仍比较突出，统筹城乡、区域发展任务仍然繁重。

下面先对重庆市人社领域基本公共服务及均等化的发展状况进行分析，并以重庆市历年的纵向比较为主，省际的横向比较为辅①。

3.2.1 财政投入概况

重庆市人均社会保障和就业支出高于全国平均水平，自2010年后，重庆市人均社会保障和就业支出呈上升趋势，且增速高于全国平均水平，说明重庆市始终坚持“民生优先”，不断加大人社领域的投入，推动了人社领域的基本公共服务的持续提高，也为实现基本公共服务均等化奠定了良好的财力基础（图3-7）。

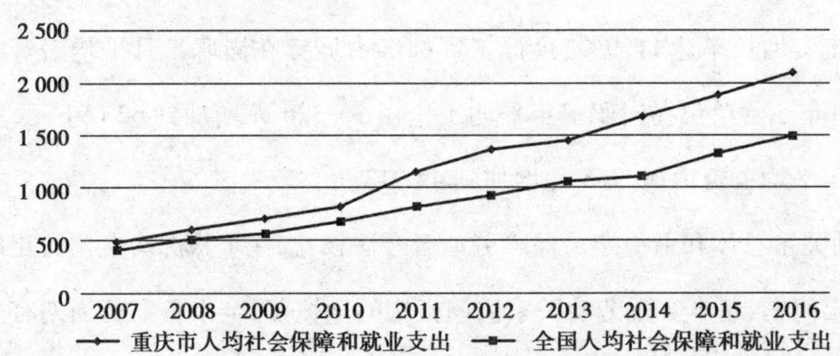

图3-7　2007—2016年重庆市人均社会保障和就业支出与全国平均水平对比情况

3.2.2 就业创业基本公共服务概况

重庆市的登记失业率水平在2002—2016年普遍低于全国平均水平，登记失业率的全

① 部分省区及重庆市个别区县的相关数据不可得。

国排名在 14—24 位呈波浪式浮动。自 2012 年以来，重庆市登记失业率排名下滑，失业有增长趋势，表明近年来重庆市的就业压力较大，就业公共服务任重而道远，如图 3-8 所示。

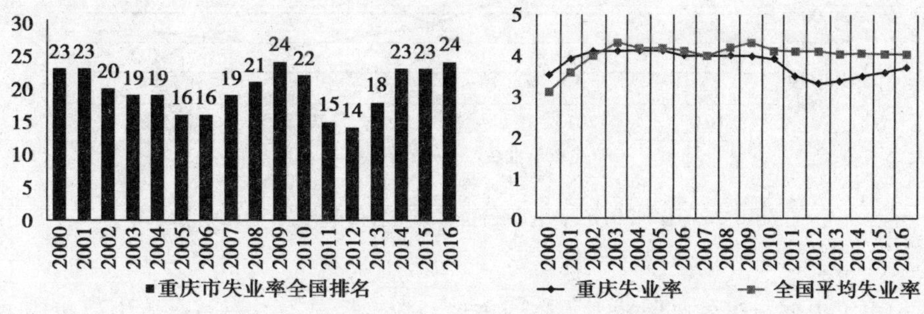

图 3-8　2000—2016 年重庆市登记失业率情况

为实现充分就业，重庆市人社部门采取各种措施，大力拓宽就业空间。重庆市开展了积极的职业指导①、就业介绍服务，每年提供职业指导人数和介绍成功人数均保持稳定态势，帮助大量求职者成功就业，维护了社会的安定与和谐（图 3-9）。

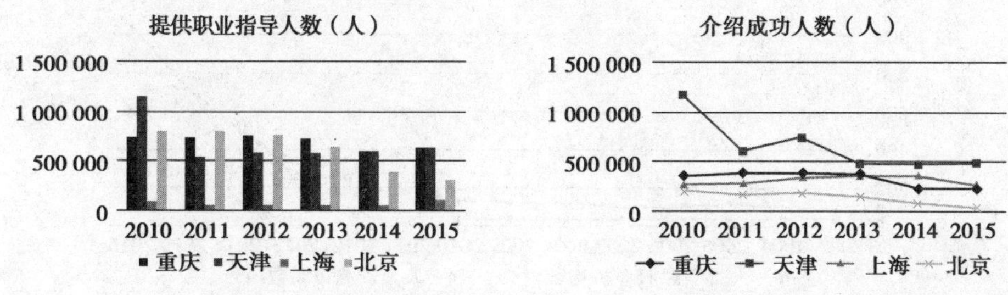

图 3-9　2010—2015 年各直辖市职业指导及介绍情况

但是不同类型群体的职业介绍成功率有较大差异，且职业介绍成功率不稳定（图 3-10）。2014 年以前，高校毕业生登记求职职业介绍成功率最高，农村劳动力与城镇居民的登记求职职业介绍成功率基本持平。2015 年开始，高校毕业生职业介绍成功率急剧下降，可能是由于 2015 年以后高校登记求职职业介绍人数剧增，导致成功率低于其他两类群体。2015 年开始农村劳动力职业介绍成功率快速提升也是由于登记求职人数下降。

① 职业指导是指围绕职业发展过程提供的指导、辅导、咨询等服务，就范围而言，就业指导包含在职业指导之中，但从就业基本公共服务的角度而言，政府提供的职业指导主要是指狭义上的就业指导。

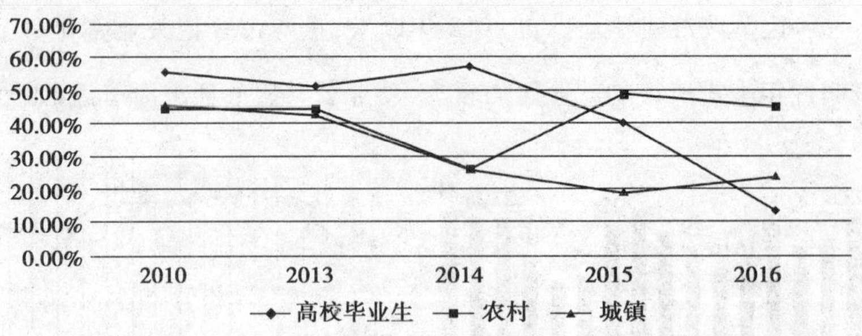

图 3-10　2010—2016 年重庆各类人群登记求职职业介绍成功率

重庆市人力资源服务机构和人力资源市场的数量均呈上升趋势。人力资源服务机构年均增长率达到 9.43%,机构数由 2011 年的 608 个增长到 2016 年的 1 044 个;人力资源市场数年均增长率达到 7.26%,由 2011 年的 394 个增长到 2016 年的 600 个。因此,虽然图 3-11 所示的人力资源服务机构和人力资源市场大多属于市场中介组织①,但人力资源服务机构和人力资源市场的增多,大大增强重庆市的就业公共服务能力。

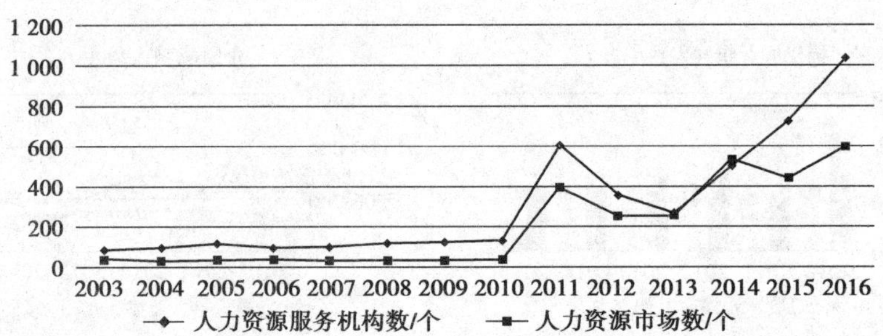

图 3-11　2003—2016 年重庆市人力资源服务机构和人力资源市场数

注:2010 年及以前年份统计口径为"人才流动机构"与"人才市场",2011 年及以后更新为"人力资源服务机构"与"人力资源市场"。

人力资源招聘方面,重庆市登记求职或要求流动人员年均增长率达到 32.75%,由 2011 年的 868 319 人次上升到 2016 年的 4 751 686 人次。重庆市积极举办各种人力资源招聘会,举办招聘会的次数以及参加招聘会人数均呈上升趋势,为更多的用人单位和求职

① 就业服务具有公共产品和私人产品的双重属性,其边界比较模糊,政府只能介入市场不愿涉及的就业服务领域,而主要的就业服务应由市场完成,即使一部分应该由政府承担的就业公共服务,也可以通过政府购买服务等手段交由市场主体提供。

者搭建了桥梁。人力资源招聘会场数年均增长率达到12.68%，由2011年的3 064次上升到2016年的6 272次，并且在2012年最高峰时达到11 944次，为求职者提供了更多的求职平台和机会。参加人力资源招聘会的人员数量年均增长率达到4.50%，由2011年的2 224 859人次上升到2016年的2 896 772人次。参加人力资源招聘会的用人单位数近年来保持在150 000家左右，2016年达到174 660家(图3-12)。

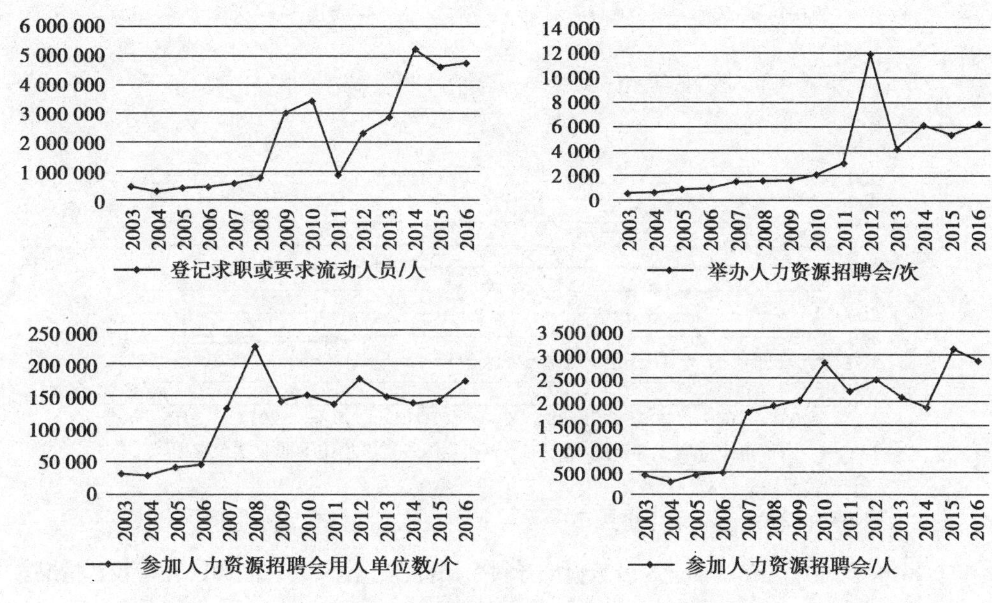

图3-12　2003—2016年重庆市人力资源招聘会情况

就业技能培训方面，虽然重庆市提供公共就业培训服务的能力相对平稳，但相对东部省市①而言培训能力还有待提高，特别是进一步提升对农村劳动者的培训能力(图3-13)。例如，中等职业学校是公共就业培训的主力机构，从图3-14可以看出，重庆市中等职业学校数的变化情况与全国的变化情况总体上较为一致，都呈小幅下降趋势，这种下降趋势既有学校撤并、共建、划转、升级等自身原因，也有地区产业结构调整、产教脱节、职校体系两极分化等外部原因。从绝对数量上看，重庆市中等职业学校数也低于全国平均水平，一定程度上说明重庆市中等职业教育还比较薄弱，作为公共就业服务实训基地、培训基地的支撑作用还有待加强，需要加强对职业教育的支持引导，促进产教对接，提高办学质量，满足

① 上海市的相关数据缺失，未列入比较之列。

公共就业服务的实训、培训需求。

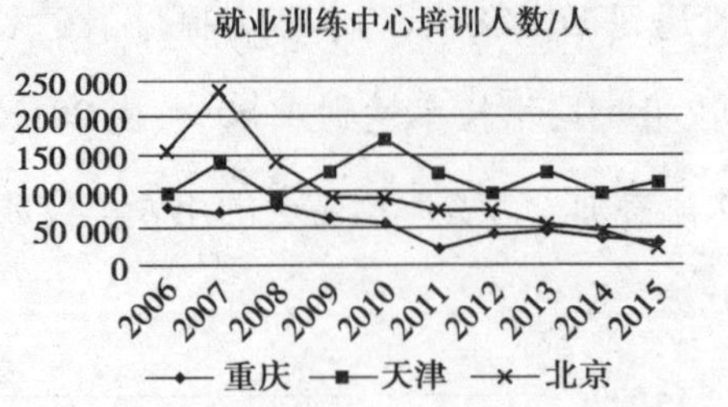

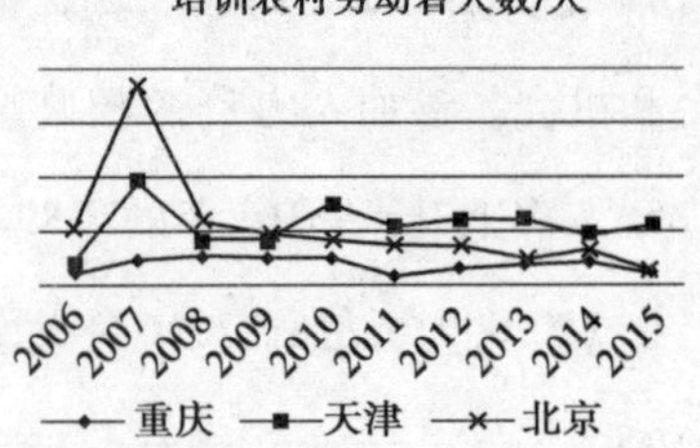

图 3-13　2006—2015 年三个直辖市就业技能培训情况比较

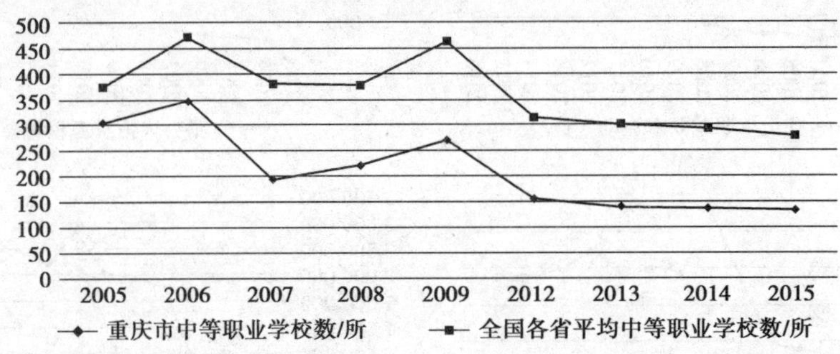

图 3-14　2005—2015 年重庆市中等职业学校数与全国各省平均情况对比

注:由于 2010 年、2011 年中等职业学校数据统计缺失,图表未包含 2010 年、2011 年学校数情况。

在就业等公共服务的可及性方面,重庆市人社部门在劳动就业和社会保障服务窗口建设方面成效卓著。例如,重庆市社区行政村劳动就业和社会保障服务窗口的覆盖率在 2013 以来已达到 100%,显著高于全国平均水平(图 3-15)。在四个直辖市中,重庆和天津并列,高于北京和上海。

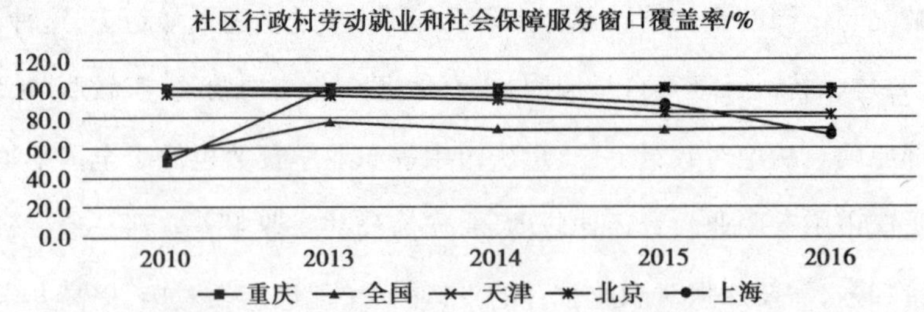

图 3-15　各直辖市社区行政村劳动就业和社会保障服务窗口覆盖率比较

创业服务方面，重庆市大力推行“大众创业、万众创新”，努力打造创业公共服务体系，如图 3-16 所示，2012 年以前重庆市每年的创业指导服务人数远高于北京、天津等其他直辖市，但 2012 年开始逐渐回落，至今保持了与北京、天津等其他直辖市的同等规模，其原因可能是创业指导服务逐渐由重数量向重质量转变。

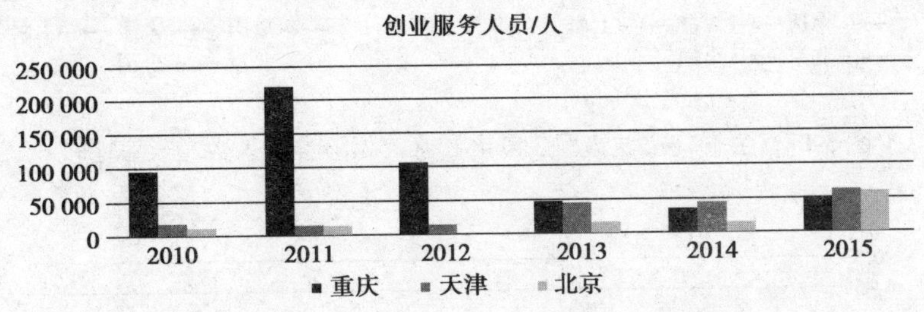

图 3-16　2010—2015 年三个直辖市创业服务情况对比

3.2.3　社会保险基本公共服务方面

社会保险是社会保障体系的重要组成部分，关乎国计民生，社会关注度非常高，与社会稳定直接相关，因此，重庆市非常重视社会保险基本公共服务体系建设，投入了大量人力物力，建立起比较完善的基本社会保险体系。在养老、医疗、事业、工伤、生育等五类基本社会保险中，基本养老保险和基本医疗保险更是重中之重，最具有普惠性。由于各种保险又分为不同类别、不同档次，难以进行详细比较，如果仅从四个直辖市及全国平均城镇职工养老保险和城镇职工医疗保险参保人数的比较来看（图 3-17），重庆市同其他各地区一样，对基本社会保险给予了高度重视，特别是养老和医疗保险，初步建立了覆盖城乡居民的基本养老和医疗保险体系，基本做到应保尽保，因此养老和医疗保险参保人数增长率趋于稳定，但工伤保险参保人数还有一定上升空间（图 3-18）。考虑到重庆市的城镇职工工伤保险参保人数增长率还相对较低，重庆市今后对不同类型社会保险的工作重点应有所区分，一方面巩固基本养老和医疗保险体系建设的成果，努力提供更加公平、优质的基本养老和医疗保险公共服务，另一方面继续提升工伤、失业、生育保险的参保率。

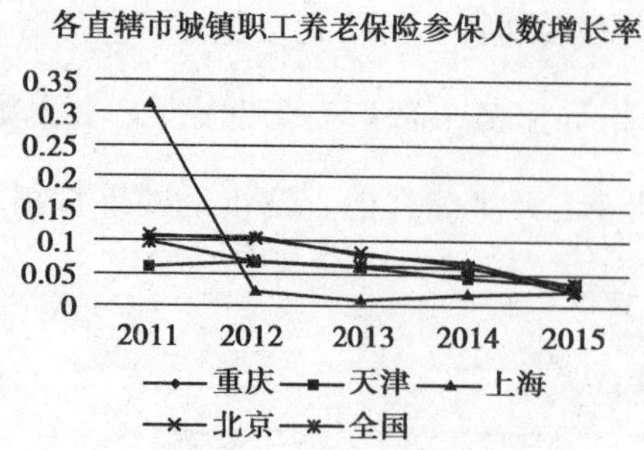

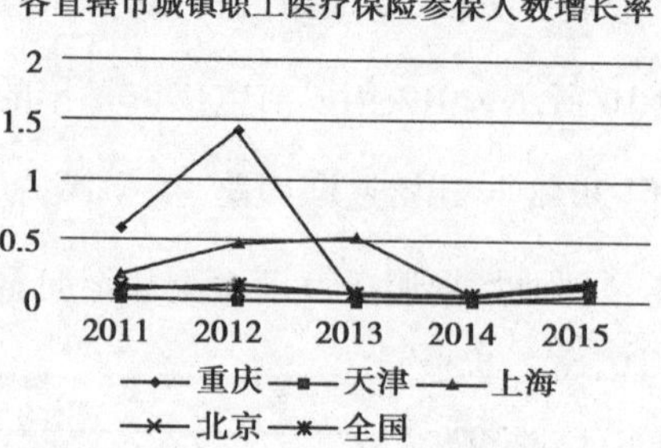

图 3-17　各直辖市城镇职工养老和医疗保险参保人数增长率比较

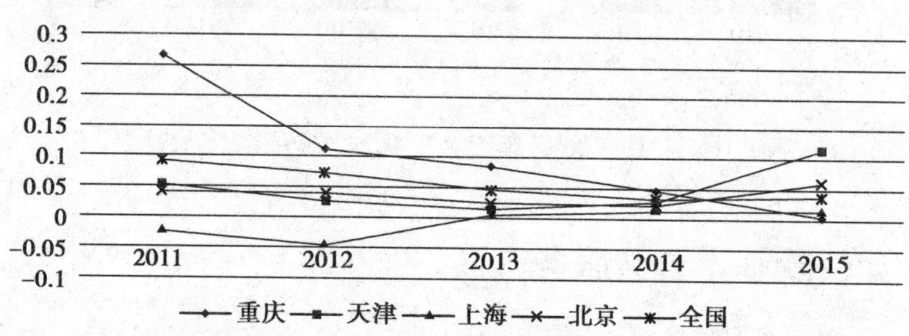

图 3-18　各直辖市城镇职工工伤保险参保人数增长率比较

如图 3-19 所示，重庆市城乡居民基本养老保险基金中公共财政支出比重高于或等于全国平均水平，近年来有小幅降低，与全国平均水平基本持平；而重庆市医疗保险基金中公共财政支出比重均高于全国平均水平，但近年来与全国平均水平一样有所降低。

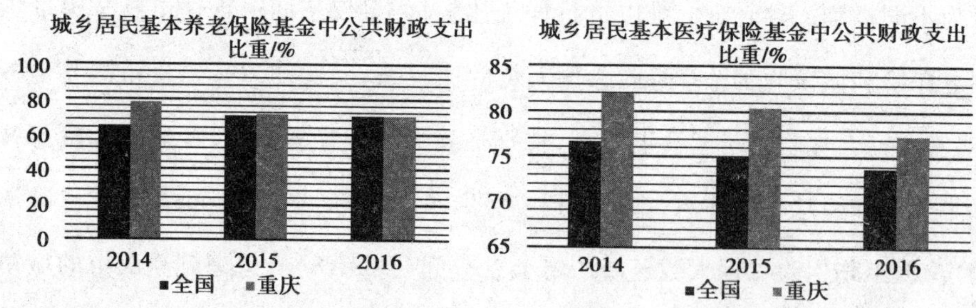

图 3-19　城乡居民基本养老保险及医疗保险基金中公共财政支出比重

如图 3-20 所示，城镇职工方面的情况有所不同，重庆市城镇职工基本养老保险基金中公共财政支出的比重明显大于全国平均水平，而重庆市城镇职工基本医疗保险基金中公共财政支出所占比重则低于全国水平。

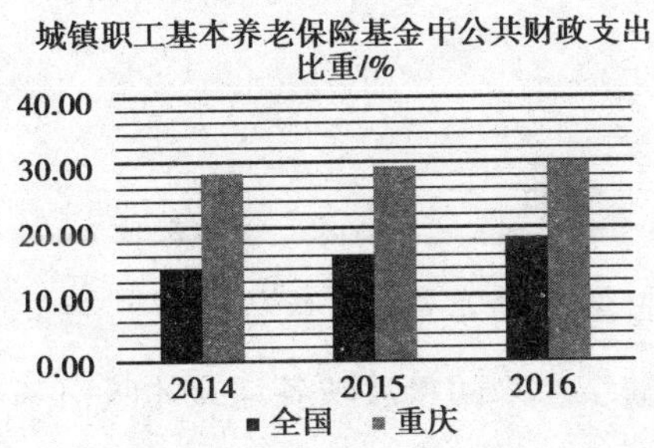

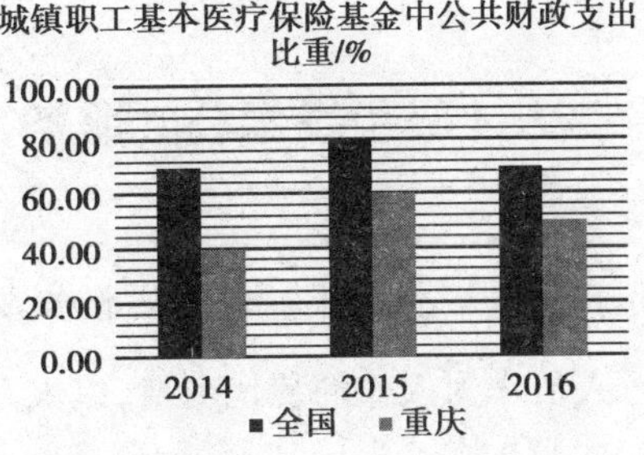

图 3-20　城镇职工基本养老保险基金及基本医疗保险基金中公共财支出用比重

在城镇居民基本医疗保险年人均实际财政补助金额方面(图 3-21),重庆市与北京、天津、上海等直辖市相比还有较大差距,但保持了稳定的逐年上升态势。

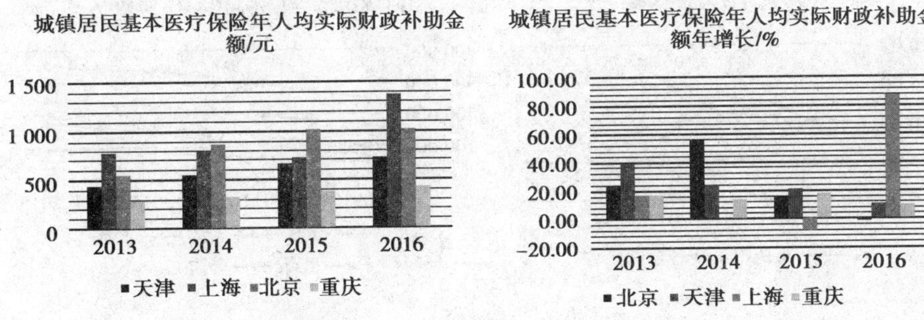

图 3-21　各直辖市城镇居民基本医疗保险年人均实际财政补助金额及年增长率

如图 3-22 所示,重庆市在社会保障卡普及率方面成绩斐然,大大超过全国平均水平,2014 年社会保障卡普及率就达到了 100%,重庆市企业退休人员月人均基本养老金也逐年增加,但仍低于全国平均水平。

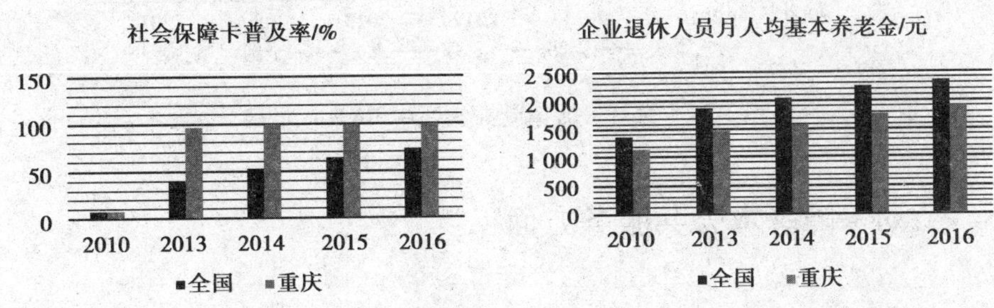

图 3-22　重庆市社会保障卡普及率及企业退休人员月人均基本养老金

3.2.4 人才吸引基本公共服务方面

由于没有人才吸引基本公共服务及人才总量的动态数据,本书将研究与试验发展(R&D)人员作为人才的替代变量,以人才吸引的结果来间接反映各地人才吸引基本公共服务的情况。由图3-23可以看出,2013年以来,重庆市R&D人员的增长率超过了全国平均水平,但近年来下滑趋势明显。另一个方面,无论是R&D人员的绝对保有量还是相对保有量,重庆市都低于其他直辖市及全国平均水平(图3-24),说明重庆市仍需加大人才吸引力度,创新引人用人机制,为创新驱动发展模式提供更坚实的人才保障。

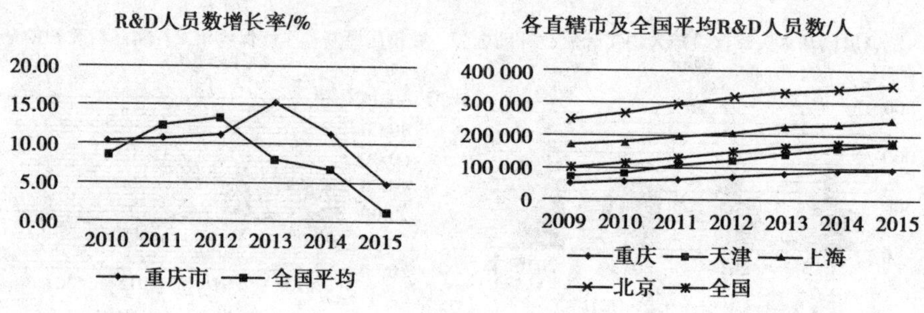

图3-23 R&D人员数情况

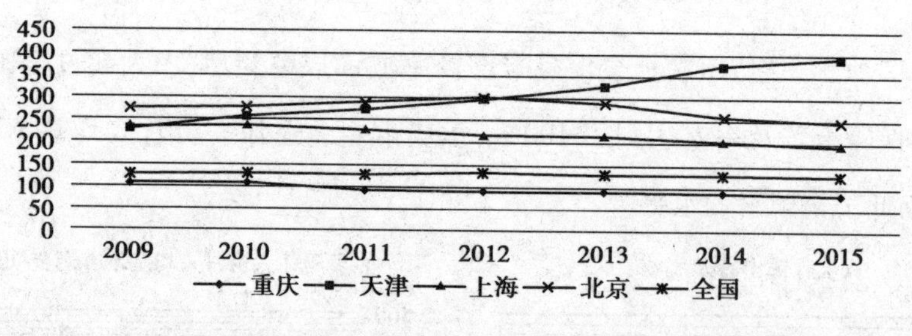

图3-24 每万人城镇就业人员中R&D人员数

3.2.5 劳动保障基本公共服务方面

由图3-25可以看出,近年来重庆市劳动人事争议仲裁案件结案率基本与全国平均水平持平,在全国排名的波动性较大,最好的情况为2010年排名第2位,最差的情况为2012年排名第28位,平均排名为15位。如果剔除经济发展差异的影响,重庆市每亿元GDP劳动人事争议仲裁案件受理数普遍高于全国平均水平，且近年来每亿元 GDP 劳动人事争议仲裁案件受理数在全国的排名有上升趋势①，说明重庆市劳动保障环境还有待进一步改善，还必须加大监管力度，更好地保护劳动者的合法权益。

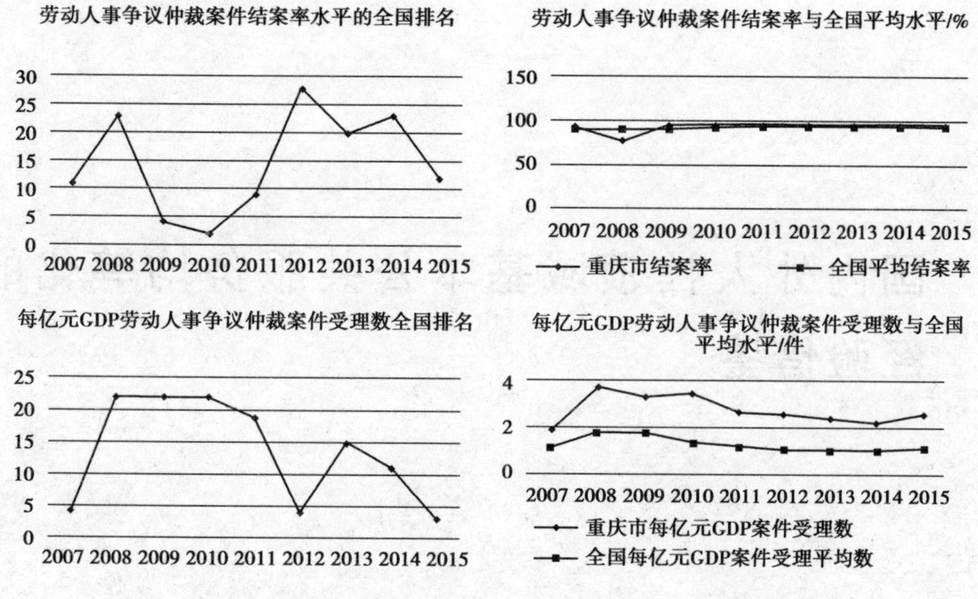

图 3-25　2007—2015 年重庆市劳动人事争议仲裁案件情况

由图 3-26 可以看出，近年来重庆市劳动保障监察投诉案件的结案数逐年减少，其原因很可能是投诉案件的减少。一般而言，劳动保障监察投诉案件的受案数和结案数具有很大的相关性，由于无法获得重庆市劳动保障监察投诉案件的受案数数据，我们以结案数来间接反映受案规模。如果剔除经济发展差异的影响，与其他三个直辖市相比，重庆市每亿元 GDP 劳动保障监察投诉案件的结案数逐年下降，已达到沿海发达地区的水平。

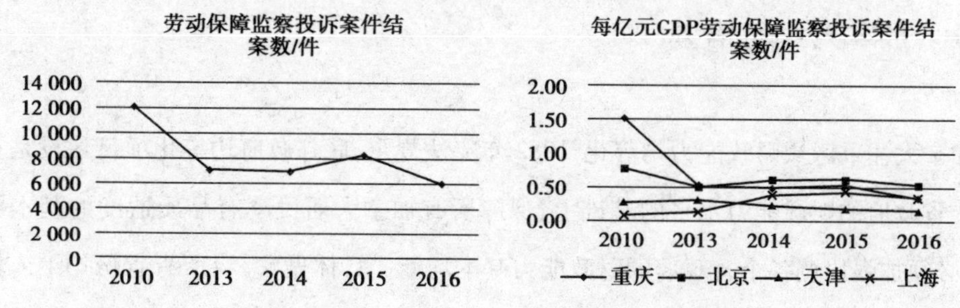

图 3-26　2010—2016 年重庆市劳动保障监察投诉案件结案情况

① “每亿元 GDP 劳动人事争议仲裁案件受理数”是一个逆向指标，数值越大、在全国的排名越高，说明该地区劳动人事争议相对越多。

4　国内外人社领域基本公共服务均等化的经验借鉴

4.1　国外经验借鉴

4.1.1　加拿大经验借鉴

加拿大注重区域财政能力均等化,1982 年宪法规定,联邦政府均等化项目建设是在协调各个省政府的财政能力水平的基础上,保障所有加拿大居民享有品质适度的基本社会保障,必须加强协调各个省政府的财政能力基本均衡。具体做法:将所有省份均纳入均等化项目建设体系,计算 30 多种不同来源的财政收入,核算出各省人均财政收入水平,联邦政府依据此对收入低的省份进行相应的财政转移支付,以达到消除不均、实现大致均等的目的。这种做法称为财政能力均等化(Fiscal Capacity Equalization)——根据宏观经济指标和税收转移支付实现均等化①。

4.1.2 瑞士经验借鉴

瑞士注重区域多元化的均等化。瑞士并不要求全国各个州的基本社会保障水平完全一致,而是致力于通过税负来缩小各个州之间的差距。瑞士宪法规定,"联邦政府将促进各个州的财政均等化,但实施财政补贴政策时,必须考虑各个州的财政能力"。总之,瑞士联邦政府会根据各个州不同的社会、人口、地理等基本情况,制定符合各州不同财政需求及具有地方特色的基本社会保障制度,最终实现区域多元化的均等化。

4.1.3 美国经验借鉴

就业是民生之本,公共就业服务在美国得到了极大重视,美国国会通过立法为公共就业服务提供持续稳定的经费保障,其经费主要来源于联邦政府向全国征收的"雇主工薪税",以此作为国家或地方政府用于公共就业服务的财政支付。

美国政府也十分注重地区间及不同领域间公共就业服务的相对均衡②。在对就业培训进行投资时,综合考虑社会各类人群的需求,针对不同失业群体的特点制订多种培训计划,如成人培训、失业者培训、妇女培训、青年培训等,并由政府财政提供培训补贴和就业服务补贴等经费支持③。

美国政府注重采用多渠道提供多元化公共就业服务,充分发挥政府、市场、非营利性组织三者的协调合作关系。在公共服务供给多元化的模式下,政府责任并未被弱化,政府仍然是首要责任人。在此前提下,政府积极引进社会自治组织和市场主体参与公共就业服务的供给。比如美国建立了多元化的公共就业服务系统,其中公共就业服务供给除政府公共就业服务机构外,还有社区就业服务中心、政府和民间机构合作的服务机构或项目、独立的民间非营利服务机构等。

---

① 张晓鸥.中国基本社会保障服务均等化研究[D].上海:华东理工大学,2014.

② 樊婷.基本公共服务均等化视角下的杭州市公共就业服务问题研究[D].杭州:浙江大学,2011.

③ 刘燕斌,李明甫,侯增艳.一些国家应对金融危机促进就业的政策措施[J].中国劳动,2010(01):26-29.

4.1.4 德国经验借鉴

(1)德国采取财力均等化的模式,通过《财政平衡法》中纵向与横向相结合的转移支付制度来保障实施,从而保证在全国范围内提供大体均衡的公共服务。纵向财政转移支付主要是联邦与州政府间的财政分配。由于共享税在德国税收收入结构中占主体地位,因此,以共享分税及分成比例的调整为主要手段,来协调中央与地方之间的财政关系。联邦政府还采取"预先补助"的方式,在实施横向转移支付前,从各州的分享额中提取25%以补助财政实力比较贫困的州。横向转移支付制度是在各州之间进行财政分配,由财力强的州补贴财力弱的州,以保证各州财政收支的大致平衡①。

(2)对于城镇发展,德国采取的是均衡发展的模式。与集聚型、过度城镇化模式不同,1960年联邦德国颁布了《联邦建设法》,大力发展中小城镇,限制发展超大城市。坚持城乡无差异化发展的原则,通过核心城市将小城镇有机地组合起来,形成一个多中心的区域城市群体系。因此,全国形成了平衡发展的11个城市圈,均匀分布于德国各个地区。例如,柏林和邻州的勃兰登堡于1996年共同创建了一个联合的区域规划部,并共同制订了一系列的区域规划方案,使位于边缘地区的勃兰登堡获得了一定的发展机会,避免人口、资源和公共服务向中心城市过度集中。

(3)德国是世界上最早建立社会保障制度的国家,社会保障种类较多,制度完善。德国规定各类型养老机构都实行公司化登记,包括原由教会等非营利组织举办的养老机构都进行公司化运营,保证其运作的独立性。政府对养老机构不直接资助,只给予税率上的优惠,而是将资助直接提供给入住养老机构的老年人。护理保险公司根据护理的等级承担不同的保险费用支付比例,对老年人的护理级别会每月进行一次评估,护理保险公司会定期派专人到养老机构对评估进行监督。在医疗保险方面,各医疗保险公司为医疗机构的医疗费用买单,掌握对各级医疗机构的奖惩权。

---

① 阎坤.公共服务均等化问题研究[J].经济研究参考,2007(58):2-36.

4.2 国内经验借鉴

4.2.1 广州市经验借鉴

广州市在对社会保险服务均等化的探索和创新方面一直处于全国前列，2009 年 12 月，广东省政府先行印发《广东省基本公共服务均等化规划纲要（2009—2020 年）》，使各个社会阶层都基本享有社会保险服务，尤其是对大量外地户籍劳动者而言，在工作地也能够享有基本的社会保险权益，极大地增加了其对广州市的归属感。

在保障范围方面，广州市已经基本建立了覆盖城乡全体居民的社会养老保险制度体系。广州市颁布实施了城镇老年居民养老保险、新型农村社会养老保险、新型农村合作医疗保险等条例法规，基本实现了对全市各种人群的全面覆盖；在待遇调整方面，广州市多次上调了退休人员的养老金待遇，使之共同分享经济发展的成果；在缴费义务方面，广州市每年定期调整缴费基数以反映经济发展的现状，充分发挥社会保险的二次分配作用；阶段性地调整失业保险的缴费比例，帮助企业减轻负担；在“以人为本”方面，广州实施了大广州医保卡互通、市级统筹等工程，为群众参保提供了很多便利。

1）广州市注重社保服务理念的更新

一方面，广州市社会保险管理部门和经办部门注重社会保险服务供给的效率提高及质量提升，实现社会保险服务的分散式、高效型、精细化供给，强化社会保险经办服务功能，针对参保人群多元化、利益诉求个性化的特点，在社保经办流程中体现“以人为本”的服务理念，通过购买服务等方式，拓展管理服务工作内容，提高服务效率和质量。大力加强基层社会保险公共服务设施建设，建立和完善社会保险服务体系，构建一个管理主辅互动，服务普及多元的体系，加强普遍、广泛、可及的社会保险服务，逐步提高社会保险服务均等化水平。另一方面，由于社会保险工作涉及面大，关系民生，因此必须秉承“便捷利民"的宗旨,立足公众的社会保险服务需求,重塑社会保险经办模式。因此,广州市社会保险管理部门积极推进精确化管理,通过便捷高效的业务流程管理提升服务效能。经过多年的建设,广州市社会保险的主要服务对象由单位转变为参保个人,并向参保个人提供人性化、全方位的服务,实现了从一站式服务到"零站式"服务的跨越,从集中式服务逐渐过渡到分散式服务。广州市还注重社会保险服务工作流程管理的重塑升级,优化业务流程管理程序,提供标准统一的社保经办服务;充分考虑非本市城镇户籍参保人员的特点,创新性地将业务机构固定化转变为参保人自主选择的方式,为申请人提供方便、简捷的服务。

2)大力创新服务手段

首先,社保经办机构承担着将国家社会保险制度和政策转化为服务产品的任务,但社会保险受众广泛,社会保险的服务对象逐渐增多,服务内容不断增加,参保人群对社保服务的期望值也随之增加,其利益诉求日益呈现多样化、个性化的趋势。广州市社会保险管理部门把创新工作方法作为优质服务的突破口,简化办事步骤,优化设置业务流程,创新多元化的社保经办服务方式,满足参保人员日益增长的个性化服务要求,提高社会保险经办的公共服务能力,显著提高管理服务效率和服务对象满意度。其次,广州市社会保险管理部门还充分利用网络服务手段,通过建立和完善信息系统,建立起基层受理服务和单位预约服务方式,为参保人提供高效、快捷、人性化、贴身式的服务。例如,充分利用现代通信科技便捷高效的特点,利用社会保险关系转移接续业务推广短信服务,为参保人提供贴近需求的服务;对按月领取基本养老金的人员通过手机平台及时反馈其当月有关社保待遇发放信息,为参保对象提供个性化和优质的社会保险服务①。

4.2.2 杭州市经验借鉴

1)统筹城乡就业,建立一体化服务体系

(1)制定农村居民失业标准,建立农村社会失业率统计制度。结合杭州农村居民的实

① 李虹.广州市社会保险服务均等化发展对策研究[D].广州:华南理工大学,2012.

际情况，考虑劳动时间和收入等因素，对脱离第一产业、全年从事第一产业、亦工亦农这三类农村人群，建立就业、非充分就业、失业的标准，建立农村居民失业统计、登记制度，建立农村居民就业信息库，同时政府使用农村居民失业率、社会失业率等多项指标对就业工作进行考核。

(2)改善农民工进城就业环境，统筹农民工公共就业服务的供给。将农民工纳入城镇公共就业服务体系，市、县、区各级基层劳动保障平台为辖区内暂住且具有稳定性的农民工建立就业台账，及时更新就业信息；明确农民工公共就业服务的经费来源，将其纳入财政预算；对农民工提供免费职业技能培训、政策咨询、就业信息、就业指导和职业介绍；加大对农民工合法权益的保护力度，建立农民工工资正常增长制度，加大对农民工的法律援助，严厉打击工资拖欠行为和就业歧视行为；加大对农民工的人文关怀，对在固定城镇连续工作超过一定年限的农民工予以落户待遇。

2)完善公共财政制度，优化社会资源配置

加大公共就业服务长效支出，调整财政支出结构。首先，减少经济建设支出和行政管理领域的支出，把更多资金投向公共就业服务领域。其次，优化公共就业服务财政投入结构，改变就业服务财政投入短期性制度安排的现状，增加积极、竞争性财政投入，如技能培训、就业援助，相对减少消极、防御性措施，如购买岗位、发放失业补贴①。

4.2.3 云南省经验借鉴

云南省非常重视社会保险公共服务均等化建设，将其纳入各级政府重要议事日程，注重社会保险公共服务均等化建设的组织领导，成立专门的领导小组和工作机构，确保在人、财、地、物等方面对社会保险公共服务均等化工作提供有力保障；建立较为完善的领导目标责任制度，指派专人负责基层社会保险公共服务建设工作；建立健全人力资源社会保障、发展改革、财政、建设、审计等各部门之间的联动协调机制，明确部门责任和分工，及时

① 樊婷. 基本公共服务均等化视角下的杭州市公共就业服务问题研究[D]. 杭州：浙江大学，2011.

发现、研究、解决社会保险公共服务提供过程中出现的问题;因地制宜,统筹规划,制定渐进式推进方案和具体实施办法,周密部署,精心组织实施①。

4.3 国内外经验总结与启示

1)财力是促进基本公共服务均等化的关键因素

基本公共服务均等化,归根到底取决于各地区财力的相对均等,事权与财权的匹配是基本公共服务均等化的根本保证,转移支付是国内外普遍采用的平衡各地区财力的主要手段。总之,提升财力均等化可从以下两方面入手:①促进经济均衡发展;②完善转移支付制度。

2)推进相关法制建设

德国的基本法、财政平衡法、城市建设法等方面的法律都内含了均等化的理念,而对教育、社会保险、医疗等基本公共服务的实施都通过法律给予具体、明确的规定,确保地方政府按规定有效执行。目前,我国的基本公共服务均等化决策都是以政府文件的形式颁布,只停留在政策层面,并未上升为严格的制度,法律效力相对不足。仅仅依靠国家规划对地方政府的激励作用不大,只是对下级政府履行均等化工作的一个最低保障要求,具体操作不明晰。即使地方政府针对均等化采取一些创新性举措和专项行动,也只是一种自发性和短期性的行为,不具有执行的强制性和可持续性。

3)基本公共服务均等化必须统筹规划,完善配套制度

(1)应该由财政部门承担主要的统筹职责。广州市在基本公共服务均等化方面的领先地位就得益于由财政部门主抓,很早就做好了顶层设计,而且根据需求的变化进行动态

① 石竹萍.云南省社会保险公共服务均等化研究[D].昆明:昆明理工大学,2012.

修订。

(2)创新基本公共服务供给方式。财力的有限性使政府不可能对所有的公共服务全部包揽,可以采取更加灵活、更有杠杆效应的供给方式,积极引入市场机制,积极探索基本公共服务的多元化、市场化供给方式,充分发挥市场和社会的力量,鼓励竞争和合作,来提高管理效率和降低服务成本,力求起到四两拨千斤的效果。

(3)建立绩效评估体系。对基本公共服务的供给过程进行监督和评估则是保障公共服务有效提供而不可缺少的一项重要内容。通过建立绩效评估体系,对基本公共服务的提供实行绩效考评和问责,保障财政支出严格按照预算执行,防止支出的随意性,实现对均等化的监督和管理。通过向社会公开,进一步强化公众对政府的监督,保障基本公共服务均等化能够较好地实现。

4)就业服务和社会保险是人社领域实现基本公共服务均等化的重点工作

就业服务与社会保险方面的具体举措和经验如下:

(1)就业服务方面。首先,既要注重公平,又要兼顾效率。公平是要确保公共就业服务资源得以合理配置,效率则保证经济社会整体拥有较高的投入产出比,二者相辅相成,重点运用互联网技术建立统一的基本公共就业服务供给信息平台,改善基本公共就业服务供给的技术手段。

其次,既要统筹兼顾,又要重点突破。统筹城乡、发达地区和欠发达地区公共就业服务,重点解决城乡公共就业服务均等化,打造城乡一体的优良就业服务环境,着力提高劳动者技能素质和就业能力,为劳动力在城乡、区域及产业间灵活转移提供软硬兼优的服务平台。

再次,对市场和社会资源进行有效的整合。公共就业服务覆盖面广,投入量大,在加大和创新财政投入机制的同时,有效整合市场和社会资源,确保均等化顺利实现①。

最后,要量力而行,循序渐进。我国各省市普遍存在常住人口多、人口流动性大、劳动力整体素质偏低、不同区域及城乡间公共就业服务水平不均衡以及产业政策调整对劳动

---

① 孙向南.基本公共就业服务均等化促进充分就业的对策研究[J].北方经济,2010(06):75-77.

力转移就业要求高等实际困难。因此,必须合理系统规划,统筹安排,分步推进,建立基本公共就业服务均等化的长效机制,确保均等化的可持续性。

(2)社会保险方面。一方面,要加大公共财政投入,完善公共财政投入机制。建立财政支持的社会保险调节机制,明确各级政府的职责,建立政府对社会保障事业的正常投入机制和各级政府的分担机制,社会保险公共服务均等化建设资金纳入各级政府财政预算,将街道、乡镇社会保障公共服务平台的工作经费、人员经费和建设经费也纳入同级财政预算,以确保经费来源,保障工作人员的合理工资待遇。

另一方面,要加强人员队伍建设。加强工作人员"以人为本"的工作理念,强化为民服务意识,增强社会责任感;建立和完善工作人员的绩效管理和考评体系;建立起理论、业务知识培训制度,加强对工作人员的业务知识与相关技能培训,进一步提高其业务能力和服务效率。

4.4 相关政策建议

通过上文对国内外经验的梳理和总结,为重庆市今后在人社领域更好地开展基本公共服务均等化提供了有益的启示和借鉴。但考虑到国外的国情与我国大相径庭,国内各地区经济社会发展程度的差异也较大,有些国内外经验可能不适合重庆市现在所处的发展阶段和特殊市情。因此,课题组对重庆市各个人社部门进行了深入和全面的访谈调研,结合相关理论、国内外经验以及调研访谈结果,对今后一段时期提升重庆市人社领域基本公共服务均等化水平提出如下政策建议。

1)加强基本公共服务信息化建设,弥补和消除"数字鸿沟"

一是要进一步加强各地市县级公共服务平台建设,建立健全公共服务信息网络,为服务对象提供一站式服务。通过现代化信息服务技术,提高工作效率和管理服务水平,开展便民服务,满足服务对象的多层次需求。优化业务办理流程,使业务办理流程更为科学合理，而且环环相扣，提高智能化和便捷性。在充分利用网站、微博、微信、论坛等网络和手机终端发布政策信息、扩大基本公共服务领域信息公开的基础上，顺应信息社会的发展潮流，开发、应用、推广移动终端业务办理系统。二是要扩大信息化建设的覆盖面。重视新兴信息通信技术的开发、普及和应用在不同地区、不同人群之间的差距，也就是“数字鸿沟”（digital divide）或“信息鸿沟”问题。即使人社部门向社会提供了均等的信息化基本公共服务，如果一些人拥有强大的 IT 硬件设备、良好的电话服务、快速的网络服务、受到优良的教育，而另外一部分人出于各种原因不能使用较好的 IT 硬件设备和信息化服务，那么他们实际享有的基本公共服务也不可能实现均等化。因此，应以“宽带中国”和“互联网＋”战略的实施为契机，积极把信息化建设向基层乡镇、社区推进，加强基层、边远地区的信息化设施设备建设。

2）着力解决不同群体之间的基本公共服务非均等化问题

2016 年 1 月 12 日，国务院发布了《关于整合城乡居民基本医疗保险制度的意见》，对城镇居民基本医疗保险和新型农村合作医疗两项制度进行整合，建立统一的城乡居民基本医疗保险制度，标志着基本公共服务的工作重点由“实现全覆盖”转向“不同群体间基本公共服务的均等化”，使基本公共服务由量变转向质变。具体来说，目前“不同群体间基本公共服务的均等化”工作的主要内容为：一是要提升城乡就业公共服务均等化水平。要统筹城乡就业，打破城乡二元结构，建立覆盖城乡的新型一体化就业服务体系。特别是要突出抓好街（镇）、居（村）基层公共就业服务平台建设，把公共就业服务覆盖到乡镇就业群体，推进公共就业服务均等化。二是要提升不同人群之间社会保险公共服务均等化水平。目前，机关事业单位、城镇职工和城乡居民等不同人群所享受的基本社会保险服务不均等现象突出，要逐步调整不同人群之间社会保险缴纳比例差距，最终实现不同人群之间基本社会保险服务的均等化。

3）加大社会保险的财政投入力度和广度

基本社会保险是一项重要的社会经济制度，是基本公共服务的主要内容，财政投入是提升社会保险基本公共服务水平的重要保障。政府应进一步强化主体责任，不断加大财政对社会保险的投入力度。目前,政府主要对养老保险、失业保险给予财政支持,而对医疗保险、工伤保险、生育保险的财政投入较少。可能的原因是上述三种基本社会保险是“以收定支”,无须财政兜底。然而,工伤保险、生育保险主要依靠用人单位缴纳相关保费,一定程度上制约了工伤和生育保险的参保率。如果要提高工伤和生育保险的参保率、提升参保档次,可能会进一步提高企业的用人成本,与经济下滑大环境中为企业减负的大方针相冲突。在提高劳动者社会保障水平和降低企业成本出现两难情况时,财政的适度介入便成为化解矛盾手段之一。因此,一方面要进一步加大社会保险财政资金投入的总体力度,科学合理地提高养老保险和失业保险的政府缴费比例;另一方面科学合理地动态调整财政资金投入结构,拓宽社会保险的财政资金投入广度,拓展财政支持的社会保险类别,积极探索将财政资金投入延伸到医疗保险、工伤保险、生育保险领域的新机制、新模式。

4)基本就业公共服务应注重提升就业质量和就业持续性

在各地区基本就业公共服务软硬件的标准化建设完成后,基本解决了基本就业公共服务的“有无”问题,今后的发展方向是提升基本就业公共服务专业化水平,促进更高质量的就业。虽然高质量就业主要依靠加快经济转型升级,发展多种新产业、新模式、新业态,从而拓展就业新空间,创造更多更优质的就业岗位,但人社部门也可以通过专业化就业公共服务的提供来提高人力资本,进而实现更高质量的就业。首先,提升就业服务人员队伍的专业化,加快建立职业指导员、职业信息分析员等专业人员队伍建设;其次,提升就业服务方式方法的专业化,加快推进公共就业服务项目化的进程,切实推行有利于提高就业质量的职业指导和职业培训项目;最后,加强就业服务的信息化建设,通过互联网对求职者和用人单位岗位信息进行更好的匹配。

5)注重提供相对均等的人才发展机会,提高人才服务质效

建设西部人才高地,除了做好“引才”工作,还必须做好“育才”“用才”和“留才”工作。除了一定的物质待遇以外,人才还有两种需求:一是自我价值的实现,即需要相对宽阔和自由的“舞台空间”;二是自身职业生涯发展的长期性,自身能力的不断提升,即工作有挑

战性，而且工作中不断有培训提高和获取新知识的机会。在物质待遇方面，不但东西部之间有巨大差距，重庆市内各区域之间的差距也不小，这种差距受制于区域经济发展的不平衡，短时期内无法彻底改变，但创新用人机制、营造相对均等的人才服务和发展“软环境”方面还大有可为。应做好“育才”工作，通过授业育才、运用产业育才、借助实践育才，最大限度地发挥和释放人才效力；应着眼于“适”，做好“用才”工作，做到人适其岗、人尽其才；应做好“留才”工作，创优留才环境，落实留才责任，强化留才保障，为全市人才提供更加均等的发展机会，努力在全社会营造尊重劳动、尊重人才、尊重创造的良好氛围，形成全社会关心、支持人才发展的良好格局，为重庆市经济社会的持续发展提供强大的人才保障。

5 人社领域基本公共服务均等化评价指标体系

5.1 指标体系构建原则

人社领域基本公共服务均等化研究具有一定前瞻性、创新性和探索性，可参考的既有研究成果较少。由于我国人社部门涉及的业务范围较广，业务之间的差异性较大，为突出重点，将人社领域基本公共服务均等化指标体系分为就业、社会保险、创业、人才吸引、劳动保障等五个子模块，这些子模块之间既相互联系又相互独立。虽然基本公共服务均等化主要包括城乡之间的均等化和区域之间的均等化，但城乡维度的统计数据较为缺乏，不利于评价指标体系的实际运用，因此本书构建的指标体系主要考虑区域之间人社领域的基本公共服务均等化。另外，本书在构建人社领域基本公共服务评价指标体系时遵循以下原则：

5.1.1 科学性和实用性原则

人社领域基本公共服务均等化评价指标的构建必须既有一定学术性又具有一定的可操作性。既要以科学思想为指导,使选取的指标具有可靠的理论依据,又要充分调研和系统理解人社领域公共服务工作,以客观事实为依据,保证指标的科学性。同时,还要遵循可行性原则,充分考虑获取数据的难易程度、可信度和可比性,采用简易且有代表性的指标,反映人社领域基本公共服务的整体水平。

5.1.2 系统性和层次性原则

构建人社领域基本公共服务均等化评价指标体系需根据系统结构分出层次,保证结构清楚。各指标之间相互独立,又彼此联系,共同构成一个有机统一体。指标体系应既能反映各工作板块的共性,又能凸显各板块的差异性。指标体系的构建具有层次性,自上而下,从宏观到微观层层深入,形成一个省际、省区内区域之间以及各区县之间相比较的全面而层次分明的评价体系。

5.1.3 继承性和动态性原则

人社领域基本公共服务均等化评价指标体系应具有一定的继承性,应尽量选用人社部门已有的统计指标和数据,既减少数据采集难度,增加指标体系的实用性,又能反映人社部门基本公共服务工作的历史成绩。同时,随着新技术的不断涌现,公共服务的供给方式和服务模式必将不断创新和丰富,指标的选取还要遵循动态性原则,反映人社工作未来的发展趋势。

5.1.4 全面性和代表性原则

人社领域基本公共服务均等化是多方面因素组成的有机整体,构建评价指标体系应遵循全面性原则,能从不同角度全方位反映人社各主要领域工作的特征和状况。同时,评价维度及具体指标的选取要具有代表性、典型性,避免意义相近、重复的指标。评价维度及具体指标的典型性、代表性差异还可以在指标体系的实际测算过程中以赋予不同权重的方式来体现。

5.2 指标构建依据及体系划分

本指标体系的构建主要依据人社领域基本公共服务均等化的内涵及相关理论,指标选取的具体依据如下:

(1)国家《“十三五”推进基本公共服务均等化规划》的清单项目和重点任务;

(2)新时期人社领域基本公共服务供给的发展要求;

(3)重庆市的特殊市情;

(4)人社部门工作重点。

根据均等化的相关理论、已有研究及前文的分析,将均等化的表现具体化为:机会均等化和结果均等化。根据重庆市人社部门的重点工作领域,将基本公共服务均等化的指标体系分为:就业公共服务均等化、基本社会保险公共服务均等化、创业公共服务均等化、人才公共服务均等化和劳动保障公共服务均等化五大指标体系。五大指标体系的一级指标都统一为机会均等化和结果均等化两个维度,下面的二级及三级指标再差异化设定。由于省际比较的指标数据收集比重庆市内各区县数据收集的难度更大,各省区人社领域统计数据的种类、口径差异性较大,且难以统一,因此,每个指标体系又由重庆市市域范围(区域或区县)指标和全国省际范围指标两套子体系构成。在最大限度力求省际比较与区县比较共用相同指标的基础上,实际用于省际比较的指标数据比区县比较的指标数据要简单一些,两套指标以共性为主,差异性为辅。虽然各地的具体发展战略有所不同,但分区域差异化发展是各地发展战略的共性,很可能各省区内部会有按照各区域进行比较的需求,例如重庆市要实现四大区域(主城、渝西、渝东北、渝东南)的差异化协调。因此,课题组专门强调了“区域或区县比较”,指标收集上还是以区县为单位,区域指标数据只是相关区县数据的累计。

另外，本课题构建的完整版人社领域基本公共服务均等化指标体系包含五大板块，用于省际比较的有95个具体指标，用于重庆市各区县(区域)比较的有131个具体指标。在实际操作中可能给数据收集带来一定困难，为此，课题组在完整版指标体系的基础上，以各省区或重庆市各区县(区域)对就业、社会保险、创业、人才、劳动保障等五个人社领域基本公共服务的资金、人力等资源投入为切入点，构建简化版指标体系，用于各省区之间或重庆市各区县(区域)之间人社领域基本公共服务均等化程度的简单比较。

5.3 就业基本公共服务均等化指标体系

就业基本公共服务均等化指标体系由适用于重庆市市域范围的比较和适用于全国省际范围的比较两个版本构成，其指标体系及说明如下：

5.3.1 重庆市市域范围就业基本公共服务均等化评价指标体系

为对重庆市市域范围内各区域或区县人社领域就业基本公共服务均等化进行评价，构建如表5-1所示指标体系。

表5-1 重庆市市域范围就业基本公共服务均等化评价指标体系

一级指标	二级指标	三级指标	指标代码
机会均等化(1)	就业促进政策(1A)	就业促进政策知晓率(%)	1A1
		城乡就业政策一致性(%)	1A2
		非公有制经济享受就业促进政策比重(%)	1A3
	就业服务资源投入(1B)	人均就业财政支出金额(元)	1B1
		就业本级财政投入占本级财政收入的比重(%)	1B2
		就业服务信息化程度(%)	1B3
		就业服务信息化覆盖率(%)	1B4
		每万人拥有人力资源服务机构数(个)	1B5
		每万人拥有就业服务人员数(个)	1B6
		每万人拥有职业技能培训机构数(个)	1B7

续表

一级指标	二级指标	三级指标	指标代码
结果均等化（2）	就业介绍服务（2A）	职业介绍服务覆盖率(%)	2A1
		经介绍后就业成功率(%)	2A2
	职业技能培训服务（2B）	职业技能培训服务覆盖率(%)	2B1
		参加职业技能培训后获得技能证书人数比重(%)	2B2
		登记失业人员培训率(%)	2B3
		农民工培训率(%)	2B4
	就业援助服务（2C）	对就业困难人员的就业援助服务覆盖率(%)	2C1
		公益性岗位安置的困难人员占就业困难人员的比重(%)	2C2
	就业促进服务效果（2D）	城镇调查失业率(%)	2D1
		城镇登记失业率(%)	2D2
		城镇在岗职工平均工资增长率(%)	2D3
		城镇新增就业岗位数与劳动适龄人口比值(%)	2D4
		人均收入增速与 GDP 增速比值(%)	2D5
		城镇在岗职工平均工资增速与工业产值增速比值(%)	2D6
		中等收入城镇在岗职工比重(%)	2D7
		企业用工保障率(%)	2D8
		企业员工离职率(%)	2D9
	就业服务效能（2E）	软硬件设施齐备程度	2E1
		就业服务高效性	2E2
		就业服务质量	2E3

注：①我国规定男子 16—60 周岁、女子为 16—55 周岁为劳动年龄人口；

②就业困难人员指符合国家关于就业困难人员认定标准并进行登记的群体；

③农村贫困人员指符合国家农村低保人员认定标准并进行登记的群体。

指标体系由一级、二级和三级指标构成，具体各级指标的说明如表 5-2 所示：

表 5-2　重庆市市域范围就业基本公共服务均等化指标体系详细说明

指标级数	指标名称	指标说明	计算方法
一级指标	就业服务机会均等化（1）	就业服务机会均等化是指政府在基本公共就业服务过程中应向所有符合就业基本条件的社会成员提供均等的公共就业产品和服务，确保就业机会的均等。主要从基本公共就业服务的政策环境和资源投入等方面考察 在基本公共就业服务中，平等地享受公共资源是维护公民就业权的基础性条件，是保障公共就业服务顺利进行的必要保障。政府在投入这些公共资源的过程中，应保证每个劳动者都有享受服务和资源的平等机会，只有实现机会均等，才能最终实现结果均等	
二级指标	就业促进政策（1A）	就业促进政策是国家针对劳动力市场中出现的失业和就业困难问题实施的一系列旨在恢复劳动力供求平衡、协调劳资关系的社会政策。主要包括解决失业人员再就业问题的就业政策和解决新生劳动力的初次就业问题的就业政策 公共就业服务的政策制订是促进就业、调节人力资源市场和维护就业公平的有效措施，也是实现公共就业服务机会均等化的一个重要方面。这项服务的主要功能是为用人单位、求职者等服务对象提供就业政策、就业信息；用一些优惠政策促进就业，特别是困难群体的就业	
三级指标	就业促进政策知晓率（%）（1A1）	就业促进政策知晓率是指公民对相关就业政策的了解程度。该指标比率越大，则就业促进政策知晓率越高，说明该地区就业促进政策的宣传工作越好，政府就业服务的水平越高	该指标结果通过专项问卷调查获取
	城乡就业政策一致性（%）（1A2）	城乡就业政策一致性是指农民应享有与城镇居民均等的就业机会和公平竞争的市场和法律环境，该指标用一致的城乡就业政策数除以应该一致的城乡就业政策数。该指标比值越高，说明农村劳动力越能享受到与城镇居民相当的公共就业服务，体现该地区基本公共就业服务的机会均等化水平较高	城乡就业政策一致性＝一致的城乡就业政策数/应该一致的城乡就业政策数

续表

指标级数	指标名称	指标说明	计算方法
三级指标	非公有制经济享受就业促进政策比重(%)(1A3)	非公有制经济享受就业促进政策比重是用享受就业促进政策的非公有制单位数除以享受就业促进政策的单位总数。非公有制经济是促进就业的主力军,当前政府出台的多项就业促进政策中都体现出政府希望通过扶持非公有制经济主体促进就业的思路。因此,各地区对非公有制经济主体就业促进政策的支持是就业公共服务的重要组成部分。该比重越大,说明该地区对非公有制经济的就业扶持力度越大,越有利于提高公共就业服务水平	非公有制经济享受就业促进政策比重=享受就业促进政策的非公有制单位数/享受就业促进政策的单位总数
二级指标	就业服务资源投入(1B)	就业服务资源投入是指政府为提供就业服务而投入的公共资源,主要包括财政资金、信息资源、人力资源和基础设施资源等。政府和社会在基本就业服务领域投入的人力、物力、财力的均等化,是衡量就业服务机会均等化的一个重要指标。各地区在资源投入上实现了相对均等,才能更好地保证就业结果的均等	
三级指标	人均就业财政支出金额(元)(1B1)	人均就业财政支出金额是用就业财政支出(含本级财政支出和转移支付)除以地区劳动适龄人口总数。我国规定男子16—60周岁、女子16—55周岁为劳动适龄人口(下同)。该指标体现了每位劳动适龄人员都能享受到的政府基本公共就业的财政支持。该指标数额越高,说明该地区政府就业财政支持力度越大,政府公共就业服务的水平越高	本级人均就业资金投入金额=就业财政支出(含本级财政支出和转移支付)/地区劳动适龄人口总数
	就业本级财政投入占本级财政收入的比重(%)(1B2)	就业本级财政投入占本级财政投入的比重是用就业本级财政投入除以地区本级财政收入。该指标体现了本级政府对就业公共服务的重视和支持程度。该指标比重越高,说明该地区政府对就业的财政支持力度越大,越有利于提高公共就业服务的水平	就业本级财政投入占本级财政收入的比重=就业本级财政投入/地区本级财政收入

续表

指标级数	指标名称	指标说明	计算方法
三级指标	就业服务信息化程度（%）（1B3）	就业服务信息化程度是指公共就业的服务和管理的信息化，用已经实现网上操作的就业服务业务数除以可以网上操作的就业服务业务数。国家相关政策要求加快推动以“互联网＋”、大数据为代表的新理念、新技术、新模式在就业领域的广泛应用，加快实现就业服务和就业管理工作全程信息化，全面提升服务能力和管理水平。因此，该指标比值越大，说明就业服务的信息化程度越高，体现该地区就业服务水平和管理能力较高，有利于为劳动者提供更便捷的服务	就业服务信息化程度＝已经实现网上操作的就业服务业务数/可以网上操作的就业服务业务数
	就业服务信息化覆盖率（%）（1B4）	就业服务信息化覆盖率是用融入就业信息系统的基层信息化平台数除以地区基层信息化平台总数。各级政府近年来大力加强电子政务建设，广泛利用网站、微信、QQ、微博等现代信息媒介，或以自建方式建立了许多基层信息化平台。充分利用这些已有的政府公共信息资源平台开展就业信息化服务，既可以有效利用和共享既有资源，又可以提高就业信息化服务的利用率。该指标比值越大，说明就业服务中使用的基层信息化平台数量越多，则基本公共就业服务平台的信息化建设越完备，越有利于加强就业各业务领域间数据共享和系统整合，为劳动者提供更好的服务	就业服务信息化覆盖率＝融入就业信息系统的基层信息化平台数/地区基层信息化平台总数
	每万人拥有人力资源服务机构数（个）（1B5）	每万人拥有人力资源服务机构数是用该地区的人力资源服务机构数除以登记求职和要求提供流动服务人员数。人力资源服务机构主要是为社会成员的就业与再就业提供基本公共服务，该指标主要统计由政府主办或财政出资设立的人力资源服务机构，不包括纯市场性质或民间设立的服务机构。该指标比值越大，说明每万人拥有人力资源服务机构数越多，该地区就业公共服务供给能力越强	每万人拥有人力资源服务机构数＝人力资源服务机构数/登记求职和要求提供流动服务人员数

续表

指标级数	指标名称	指标说明	计算方法
三级指标	每万人拥有就业服务人员数(个)(1B6)	每万人拥有就业服务人员数是用该地区的就业服务人员(仅指财政供养人员)除以登记求职和要求提供流动服务人员数。该指标体现了就业公共服务的人力资源投人,是机会均等的一个重要衡量指标。该指标比值越大,说明该地区每万人拥有的就业公共服务人员越多,就业公共服务的人力资源保障水平越高	每万人拥有就业服务人员数=就业服务人员(仅指财政供养人员)/登记求职和要求提供流动服务人员数
	每万人拥有职业技能培训机构数(个)(1B7)	每万人拥有职业技能培训机构数是用该地区的职业技能培训机构数除以登记求职和要求提供流动服务人员数。职业技能培训机构是为劳动者从事各种职业提供劳动技术业务知识培训服务的重要机构,包括社会组织和个人单独或联合举办的技工学校、职业(技术)学校、就业训练中心、职工培训中心(学校)等。该指标主要统计由政府主办或财政出资设立的职业技能培训机构,不包括纯市场性质或民间设立的职业技能培训机构。该指标比值越大,说明该地区每万人拥有职业技能培训机构数越多,就业公共培训服务供给能力越强	每万人拥有职业技能培训机构数=职业技能培训机构数/登记求职和要求提供流动服务人员数
一级指标	就业服务结果均等化(2)	就业服务结果均等化是指在承认地区、城乡、人群存在差别的前提下,保障所有公民享受的公共就业服务在数量和质量上应大致均等。主要包括公共就业服务的覆盖率、享受的就业保障、就业促进的结果等 公共就业服务结果指标一定程度上反映了就业基本公共服务的地区惠及程度和社会效应,可以很好地衡量不同区域基本公共就业服务的均等化水平	
二级指标	就业介绍服务(2A)	就业介绍服务是指通过为人力资源供求双方提供媒介服务以促进就业的活动,包括收集、发布职业供求信息,对用人单位招聘人员和劳动者求职就业提供中介服务等。就业介绍服务是具有普遍意义的干预劳动力市场并能有效调节和改善供求的直接手段,是就业公共服务的重要组成部分	

续表

指标级数	指标名称	指标说明	计算方法
三级指标	职业介绍服务覆盖率（%）（2A1）	职业介绍服务覆盖率是用该地区接受职业介绍机构服务的人数除以登记求职和要求提供流动服务人员数。该指标反映了就业公共服务的覆盖率，是衡量就业服务结果的一个重要指标。该指标比率越大，说明有职业需求的人群中获得就业介绍服务的比重越高，公共就业介绍服务受益覆盖面越大	职业介绍覆盖率＝接受职业介绍机构服务的人数/登记求职和要求提供流动服务人员数
	经介绍后就业成功率（%）（2A2）	经介绍后就业成功率是用接受职业介绍服务后成功就业人次除以接受该服务的人次。该指标考察了就业介绍公共服务的质量。该指标比率越大，说明职业介绍机构为求职需求者介绍工作的成功率越高，就业介绍公共服务的实际效果越好	经介绍后就业成功率＝接受职业介绍服务后成功就业人次/接受该服务人次
二级指标	职业技能培训服务（%）（2B）	职业技能培训服务是指按照不同职业岗位的要求对接受培训的人员进行思想政治教育和职业道德教育，传授职业知识，培养职业技能，进行职业指导等。职业技能培训服务对提高求职者的职业技能和素质有重要作用，有利于更好地实现求职者与岗位的匹配，是就业公共服务的重要组成部分	
三级指标	职业技能培训服务覆盖率（%）（2B1）	职业技能培训服务覆盖率指该地区接受职业技能培训机构服务的人数除以登记求职和要求提供流动服务人员数。该指标反映了职业技能培训服务的覆盖率。该指标比率越大，说明有职业需求的人群中获得职业技能培训服务的比重越高，公共就业培训服务受益覆盖面越大	职业技能培训服务覆盖率＝接受职业技能培训的人数/登记求职和要求提供流动服务人员数

续表

指标级数	指标名称	指标说明	计算方法
三级指标	参加职业技能培训后获得技能证书人数比重（%）（2B2）	参加职业技能培训后获得技能证书人数比重是指接受职业技能培训后获得技能证书人次除以接受该服务人次。该指标考察了参加职业技能培训的人群从就业公共培训服务中的实际受益程度，是反映就业公共培训服务质量的指标。该指标比值越大，说明参加职业技能培训的效果越好	参加职业技能培训后获得技能证书人数比重＝接受职业技能培训后获得技能证书人次/接受职业技能培训人次
	登记失业人员培训率（%）（2B3）	登记失业人员培训率是指该地区接受职业培训服务的登记失业人员人数除以登记失业人员总数。该指标反映了登记失业人员职业培训的覆盖率（%），是衡量对重点就业帮扶人群进行培训服务的重要指标。该指标比率越大，说明登记失业人群中获得职业技能培训服务的比重越高，公共就业服务的实效性越好	登记失业人员培训率＝接受职业培训服务的登记失业人员人数/登记失业人员总数
	农民工就业培训率（%）（2B4）	农民工就业培训率是指接受就业培训服务的农民工人数除以农民工总数。农民工是就业中的弱势群体，也是政府就业公共服务的重点关注对象。该指标考察了农民工群体就业培训的覆盖率。该指标比值越大，说明农民工群体中获得职业技能培训服务的比重越高，可以提高农民工的就业率	农民工就业培训率＝接受就业培训服务的农民工人数/农民工总数
二级指标	就业援助服务（2C）	就业援助服务是指对就业困难人员（老、弱、病、残等）和零就业家庭提供就业援助和服务，帮助其实现就业。就业援助服务有利于提高就业困难人员的职业技术能力，增加就业机会，从而实现就业或再就业，是就业公共服务均等化的重要组成部分	

续表

指标级数	指标名称	指标说明	计算方法
三级指标	对就业困难人员的就业援助服务覆盖率(2C1)	对就业困难人员的就业援助服务覆盖率是指该地区接受就业援助服务的就业困难人员数除以就业困难人员登记总数。其中,就业困难人员的界定标准为符合国家关于就业困难人员认定标准并进行登记的群体(下同)。该指标比率越大,说明就业困难群体中获得就业援助服务的比重越高,公共就业服务受益覆盖面越大	对就业困难人员的就业援助服务覆盖率=接受就业援助服务的就业困难人员数/就业困难人员登记总数
	公益性岗位安置的困难人员占就业困难人员的比重(%)(2C2)	公益性岗位是指由政府出资开发,以满足社区及居民公共利益为目的的管理和服务岗位,一般是城市公共管理和涉及居民利益的公共设施维护、社区保安、保洁、保绿、停车看管等非营利性服务岗位。公益性岗位安置的困难人员占就业困难人员的比重是指该地区公益性岗位安置的困难人员数除以就业困难人员总数。该指标比率越大,说明该地区通过公益性岗位来解决就业困难人员实现就业问题的覆盖率越高,公共就业服务受益覆盖面越大	公益性岗位安置的困难人员占就业困难人员的比重=公益性岗位安置的困难人员数/就业困难人员总数
二级指标	就业促进服务效果(2D)	就业促进服务效果是指各地区在获得政府提供的就业公共资源(如财政资金、信息资源、人力资源和基础设施资源等)后,所实现的就业效果,主要包括充分就业效果,如调查失业率等;以及更高质量的就业效果,如工资增长率、收入增长率等。该指标可以从客观上较为全面地评估出公共就业服务的结果	
三级指标	城镇调查失业率(%)(2D1)	城镇调查失业率是通过城镇劳动力情况抽样调查所取得的城镇就业与失业汇总数据进行计算的,具体是指城镇调查失业人数占城镇调查从业人数与城镇调查失业人数之和的比。调查失业率由于样本科学,所以更能确保数据的真实、准确,更符合市场经济发展需要。该指标比率越低,说明该地区城镇调查失业人员占比越低,充分就业的水平越高,政府公共就业服务的效果越好	该指标根据统计局公布数据获取

续表

指标级数	指标名称	指标说明	计算方法
三级指标	城镇登记失业率(%)(2D2)	城镇登记失业率是指在报告期末城镇登记失业人数占期末城镇从业人员总数与期末实有城镇登记失业人数之和的比重。该指标反映了一定时期内可以参加社会劳动的人数中实际失业人数所占的比重。该指标比率越低,说明该地区一定时期内城镇登记失业人员占比越低,充分就业的水平越高,政府公共就业服务的效果越好	该指标根据统计局公布数据获取
	城镇在岗职工平均工资增长率(%)(2D3)	城镇在岗职工平均工资增长率是指一定时期内城镇在岗职工平均每人所得的货币工资额的年平均增长率。它反映一定时期内职工工资收入的增长水平,是就业质量的主要指标。该增长率越大,说明城镇在岗职工平均工资增长率越高,高质量就业的水平越高,政府公共就业服务的效果越好	该指标根据统计局公布数据计算得出
	城镇新增就业岗位数与劳动适龄人口比值(%)(2D4)	城镇新增就业岗位数与劳动适龄人口比值是指该地区城镇新增就业岗位数除以劳动适龄人口总数。该指标反映了就业状况和落实国家劳动就业政策的情况,是反映城镇新增就业岗位数与劳动适龄人口数是否匹配的重要指标。该指标比率越大,说明该地区为劳动适龄人口提供的就业岗位越多,政府公共就业促进服务的效果越好	城镇新增就业岗位数与劳动适龄人口比值=城镇新增就业岗位数/劳动适龄人口总数
	人均收入增速与GDP增速比值(%)(2D5)	人均收入增速与GDP增速比值是用该地区人均收入增速除以GDP增速。该指标反映出经济分配中居民收入的占比,体现我国经济发展“以民为本”“以人为本”的要求,使人们能真正享受到经济增长的成果,是间接反映政府公共就业服务效果的指标。该指标比值越大,说明该地区居民收入水平与经济发展的匹配度越高,政府公共就业服务的质量越好	人均收入增速与GDP增速比值=人均收入增速/GDP增速

续表

指标级数	指标名称	指标说明	计算方法
三级指标	城镇在岗职工平均工资增速与工业产值增速比值(%)(2D6)	城镇在岗职工平均工资增速与工业产值增速比值是指城镇在岗职工平均工资增速除以工业产值增速。与"人均收入增速与GDP增速比值(2D5)"指标一样,该指标反映了地区工资水平与经济发展水平的差距程度。该指标比值越大,说明该地区工资水平与经济发展速度差距越小,政府公共就业服务的质量越好	城镇在岗职工平均工资增速与工业产值增速比值=城镇在岗职工平均工资增速/工业产值增速
	中等收入城镇在岗职工比重(%)(2D7)	中等收入城镇在岗职工比重是指中等收入城镇在岗职工人数除以城镇在岗职工总人数。该指标反映了居民收入差距,是衡量公共服务均等化的重要指标。该指标比率越大,说明城镇在岗职工的总体收入差距越小,公共就业服务的质量越高	中等收入城镇在岗职工比重=中等收入城镇在岗职工人数/城镇在岗职工总人数
	企业用工保障率(%)(2D8)	企业用工保障率是指企业实际招聘的员工人数除以企业需要的员工人数。该指标的数据涵盖范围广,因此多采用抽样调查方式获取数据,计算出比值。该指标从企业角度考察就业情况,反映了企业用工需求的满足程度和招聘员工数量的完成情况。该指标比率越大,说明企业招聘员工的数量越接近企业实际需求。该指标与就业率一起加以分析,可以看出就业不充分是否由于就业供给与需求出现结构性失调	企业用工保障率=企业实际招聘的员工人数/企业需要的员工人数(抽样调查)
	企业员工离职率(%)(2D9)	企业员工离职率是指该地区当期企业离职人员数除以当期企业员工总数。该指标亦采用抽样调查方式获取数据。该指标反映了企业员工流失状况,员工流失状况又说明了员工满意度。该指标比率越大,说明企业员工流失率越低,同时满意度也越高,体现出就业服务质量的高低	企业员工离职率=当期企业离职人员数/当期企业员工总数(抽样调查)

续表

指标级数	指标名称	指标说明	计算方法
二级指标	就业服务效能(2E)	就业服务效能是指就业服务相关部门和人员在提供就业服务时的办事效率、效果和工作能力等。该指标从主观上反映就业公共服务的质量，以及接受服务对象在享受就业权利方面的获得感，有利于推动实现更加充分的就业和更高质量的就业。该指标主要包括就业服务的软硬件设施、就业服务的高效性和就业服务质量等	
三级指标	软硬件设施齐备程度(2E1)	该指标主要考察就业服务的软硬件设施的完备程度。该指标的调查结果越好，说明公共就业服务在设施设备方面越好	该指标主要通过问卷调查获取
	就业服务高效性(2E2)	该指标主要考察就业公共服务的高效性、办理程序的便捷性等。该指标的调查结果越好，说明公共就业服务的效率越高	该指标主要通过问卷调查获取
	就业服务质量(2E3)	该指标主要考察服务人员的态度，受服务对象在享受权利方面的获得感和公平感等。该指标的调查结果越好，说明公共就业服务的质量越好	该指标主要通过问卷调查获取

5.3.2 全国省际范围就业基本公共服务均等化评价指标体系

为对全国省际范围内各省市人社领域就业基本公共服务均等

5-3 所示指标体系。

表5-3 全国省际范围就业基本公共服务均等化评价指标体

一级指标	二级指标	三级指标	指标代码
机会均等化(1)	就业促进政策(1A)	就业促进政策知晓率(%)	1A1
		非公有制经济享受就业促进政策比重(%)	1A2
	就业服务资源投入(1B)	人均就业财政支出金额(元)	1B1
		就业服务信息化程度(%)	1B2
		每万人拥有技工学校数(个)	1B3
		每万人拥有中等职业学校数(个)	1B4

续表

一级指标	二级指标	三级指标	指标代码
机会均等化（1）	就业服务资源投入（1B）	每万人拥有公共人力资源市场个数（个）	1B5
		每万人拥有就业服务人员数（个）	1B6
结果均等化（2）	就业支持服务效果（2A）	职业介绍服务覆盖率（%）	2A1
		职业技能培训服务覆盖率（%）	2A2
		参加职业技能培训后获得技能证书人数比重（%）	2A3
	就业促进服务效果（2B）	城镇调查失业率（%）	2B1
		城镇登记失业率（%）	2B2
		城镇在岗职工平均工资增长率（%）	2B3
		最低工资标准与城镇在岗职工月平均工资比值（%）	2B4
		人均收入增速与 GDP 增速比值（%）	2B5
		企业用工保障率（%）	2B6
	就业服务效能（2C）	软硬件设施齐备程度	2C1
		就业服务高效性	2C2
		就业服务质量	2C3

注：(1)我国规定男子 16—60 周岁、女子为 16—55 周岁为劳动年龄人口；

(2)公共人力资源市场仅指由政府主办或财政出资设立的，不包括纯市场性质或民间设立的人力资源市场。

指标体系由一级、二级和三级指标构成，具体各级指标的说明如表 5-4 所示：

表 5-4　全国省际范围就业基本公共服务均等化指标体系详细说明

指标级数	指标名称	指标说明	计算方法
一级指标	就业服务机会均等化（1）	就业服务机会均等化是指政府在基本公共就业服务过程中应向所有符合就业基本条件的社会成员提供均等的公共就业产品和服务，确保就业机会的均等。主要从基本公共就业服务的政策环境和资源投入等方面考察 在基本公共就业服务中，平等地享受公共资源是维护公民就业权的基础性条件，是保障公共就业服务顺利进行的必要保障。政府在投入这些公共资源的过程中，应保证每个劳动者都有享受服务和资源的平等机会，只有实现机会均等，才能最终实现结果均等	

续表

指标级数	指标名称	指标说明	计算方法
二级指标	就业促进政策（1A）	就业促进政策是国家针对劳动力市场中出现的失业和就业困难问题实施的一系列旨在恢复劳动力供求平衡、协调劳资关系的社会政策。主要包括解决失业人员再就业问题的就业政策和解决新生劳动力的初次就业问题的就业政策 公共就业服务的政策建设，是促进就业、调节人力资源市场和维护就业公平的有效措施，也是实现公共就业服务机会均等化的一个重要方面。这项服务的主要功能是为用人单位、求职者等服务对象提供常见的劳动保障法律法规、政策等方面问题的咨询指导服务	
三级指标	就业促进政策知晓率（%）（1A1）	就业促进政策知晓率是指公民对相关的就业政策的了解程度。该指标比率越大，则就业促进政策知晓率越高，说明该地区就业促进政策的宣传工作越好，政府就业服务的水平越高	该指标结果通过专项问卷调查获取
	非公有制经济享受就业促进政策比重（%）（1A2）	非公有制经济享受就业促进政策比重是指享受就业促进政策的非公有制单位数除以享受就业促进政策的单位总数。非公有制经济是促进就业的主力军，当前政府出台的多项政策体现出政府希望通过扶持非公有制经济主体促进就业的思路。因此，各地区对非公有制经济主体就业促进政策的支持是就业公共服务的重要组成部分。该指标比重越高，说明该地区对非公有制经济的就业扶持政策力度越大，越有利于提高公共就业服务水平	非公有制经济享受就业促进政策比重 = 享受就业促进政策的非公有制单位数/享受就业促进政策的单位总数

续表

指标级数	指标名称	指标说明	计算方法
二级指标	就业服务资源投入（1B）	就业服务资源投入是指政府为提供就业服务而投入的公共资源，主要包括财政资金、信息资源、人力资源和基础设施资源等。政府和社会在基本就业服务领域投入的人力、物力、财力的均等化，是衡量就业服务机会均等化的一个重要指标。各地区在资源投入上实现了机会均等，才能更好地保证就业结果的均等	
三级指标	人均就业财政支出金额（元）（1B1）	人均就业财政支出金额是指就业财政支出（含本级财政支出和转移支付）除以地区劳动适龄人口总数。我国规定男子16—60周岁、女子16—55周岁为劳动适龄人口（下同）。该指标体现了每位劳动适龄人员都能享受到的政府基本公共就业的财政支持。该指标数额越高，说明该地区政府就业财政支持力度越大，政府公共就业服务的水平越高	本级人均就业资金投入金额＝就业财政支出（含本级财政支出和转移支付）/地区劳动适龄人口总数
	就业服务信息化程度（%）（1B2）	就业服务信息化程度是指公共就业的服务和管理的信息化，用已经实现网上操作的就业服务业务数除以可以网上操作的就业服务业务数。根据国家相关政策，推动以“互联网＋”、大数据为代表的新理念、新技术、新模式在就业领域的广泛应用，加快实现就业服务和就业管理工作全程信息化，全面提升服务能力和管理水平。该指标比值越大，说明就业服务的信息化程度越高，体现该地区就业服务水平和管理能力较高，有利于为劳动者提供更便捷的服务	就业服务信息化程度＝已经实现网上操作的就业服务业务数/可以网上操作的就业服务业务数

续表

指标级数	指标名称	指标说明	计算方法
三级指标	每万人拥有技工学校数（个）（1B3）	每万人拥有技工学校数是指该地区技工学校数除以劳动适龄人口总数。该指标比值越大，说明政府就业公共培训服务供给能力越强，注重培养劳动者的实践能力和就业能力，保证劳动者能够最大限度地适应社会环境，为劳动者提供更好的就业服务	每万人拥有技工学校数 = 技工学校数/劳动适龄人口总数
	每万人拥有中等职业学校数（个）（1B4）	每万人拥有中等职业学校数是指该地区的中等职业学校数除以劳动适龄人口总数。中等职业学校主要是在义务教育的基础上培养大量技能型人才与高素质劳动者。该指标比值越大，说明每万人拥有中等职业学校数越多，该地区就业公共培训服务供给能力越强	每万人拥有中等职业学校数 = 中等职业学校数/劳动适龄人口总数
	每万人拥有公共人力资源市场个数（个）（1B5）	每万人拥有公共人力资源市场个数是指该地区的公共人力资源市场个数除以劳动适龄人口总数。其中，公共人力资源市场仅指由政府主办或财政出资设立的，不包括纯市场性质或民间设立的人力资源市场。该指标比值越大，说明每万人拥有公共人力资源市场个数越多，该地区就业公共服务供给能力越强，能为劳动者提供更多的寻求就业机会的渠道	每万人拥有公共人力资源市场个数 = 公共人力资源市场个数/劳动适龄人口总数
	每万人拥有就业服务人员数（个）（1B6）	每万人拥有就业服务人员数是指该地区的就业服务人员（仅指财政供养人员）除以登记求职和要求提供流动服务人员数。该指标体现了就业服务的人力资源投入，是机会均等的一个重要衡量指标。该指标比值越大，说明该地区每万人拥有的就业服务人员越多，就业公共服务的人力资源保障水平越高	每万人拥有就业服务人员数 = 就业服务人员（仅指财政供养人员）/登记求职和要求提供流动服务人员数

续表

指标级数	指标名称	指标说明	计算方法
一级指标	就业服务结果均等化（2）	就业结果均等化是指在承认地区、城乡、人群存在差别的前提下，保障所有公民享受的公共就业服务在数量和质量上大致均等。其主要包括公共就业服务的覆盖率、享受的就业保障、就业促进的结果等 公共就业服务结果指标一定程度上反映了就业基本公共服务的地区惠及程度和社会效应，可以很好地衡量不同区域基本公共就业服务的均等化水平	
二级指标	就业支持服务效果（2A）	就业支持服务效果是指各地区在就业支持服务方面的实际效果，如相关服务的覆盖率和使用享受服务后的就业成功率等。该指标可以从客观上评估出公共就业服务的结果	
三级指标	职业介绍服务覆盖率（%）（2A1）	职业介绍服务覆盖率是指该地区接受职业介绍机构服务的人数除以登记求职和要求提供流动服务人员数。该指标反映了就业公共服务的覆盖率，是衡量结果的一个重要指标。该指标比率越大，说明有职业需求的人群中获得就业介绍服务的比重越高，公共就业服务受益覆盖面越大	职业介绍服务覆盖率＝接受职业介绍机构服务的人数/登记求职和要求提供流动服务人员数
	职业技能培训服务覆盖率（%）（2A2）	职业技能培训服务覆盖率是指该地区接受职业技能培训机构服务的人数除以登记求职和要求提供流动服务人员数。该指标反映了职业技能培训服务的覆盖率，是衡量结果的一个重要指标。该指标比率越大，说明有就业需求的人群中获得职业技能培训服务的比重越高，公共就业服务受益覆盖面越大	职业技能培训服务覆盖率＝接受职业技能培训机构服务的人数/登记求职和要求提供流动服务人员数

续表

指标级数	指标名称	指标说明	计算方法
三级指标	参加职业技能培训后获得技能证书人数比重(%)(2A3)	参加职业技能培训后获得技能证书人数比重是指接受职业技能培训后获得技能证书人次除以接受该服务人次。该指标考察了参加职业技能培训的人群从就业公共培训服务中的实际受益程度,是反映就业公共培训服务质量的指标。该指标比值越大,说明参加职业技能培训的效果越好	参加职业技能培训后获得技能证书人数比重=接受职业技能培训后获得技能证书人次/接受该服务人次
二级指标	就业促进服务效果(2B)	就业促进服务效果是指各地区在获得政府提供的就业公共资源(如财政资金、信息资源、人力资源和基础设施资源等)后,所实现的就业效果,主要包括充分就业效果,如调查失业率等;以及更高质量的就业效果,如工资增长率、收入增长率等。该指标可以从客观上较为全面地评估出公共就业服务的结果	
三级指标	城镇调查失业率(%)(2B1)	城镇调查失业率是通过城镇劳动力情况抽样调查所取得的城镇就业与失业汇总数据进行计算的,具体是指城镇调查失业人数占城镇调查从业人数与城镇调查失业人数之和的比。调查失业率由于样本科学,所以更能确保数据的真实、准确,更符合市场经济发展需要。该指标比率越低,说明该地区城镇调查失业人员占比越低,充分就业的水平越高,政府公共就业服务的效果越好	该指标根据统计局公布数据获取

续表

指标级数	指标名称	指标说明	计算方法
三级指标	城镇登记失业率(%)(2B2)	城镇登记失业率是指在报告期末城镇登记失业人数占期末城镇从业人员总数与期末实有城镇登记失业人数之和的比重。该指标反映了一定时期内可以参加社会劳动的人数中实际失业人数所占的比重。该指标比率越低,说明该地区一定时期内城镇登记失业人员占比越低,充分就业的水平越高,政府公共就业服务的效果越好	该指标根据统计局公布数据获取
	城镇在岗职工平均工资增长率(%)(2B3)	城镇在岗职工平均工资增长率是指一定时期内城镇在岗职工平均每人所得的货币工资额的年增长率。它反映一定时期内职工工资收入的增长水平,是就业质量的主要指标。该增长率越大,说明城镇在岗职工平均工资增长率越高,高质量就业的水平越高,政府公共就业服务的效果越好	该指标根据统计局公布数据计算得出
	最低工资标准与城镇在岗职工月平均工资比值(%)(2B4)	最低工资标准与城镇在岗职工月平均工资比值是用该地区最低工资标准除以城镇在岗职工月平均工资。该指标反映就业促进的质量,该指标比值越大,说明该地区就业效果的均等化程度越高	最低工资标准与城镇在岗职工月平均工资比值=最低工资标准/在岗职工月平均工资
	人均收入增速与GDP增速比值(%)(2B5)	人均收入增速与GDP增速比值是用该地区人均收入增速除以GDP增速的比值。该指标反映出经济分配中居民收入的占比,体现我国经济发展"以民为本""以人为本"的要求,使人们能真正享受到经济增长的成果,是间接反映政府公共就业服务效果的指标。该指标比值越大,说明该地区居民收入水平与经济发展的匹配度越高,政府公共就业服务的质量越好	人均收入增速与GDP增速比值=人均收入增速/GDP增速

续表

指标级数	指标名称	指标说明	计算方法
三级指标	企业用工保障率(%)(2B6)	企业用工保障率是指企业实际招聘的员工人数除以企业需要的员工人数。该指标的数据涵盖范围广,因此多采用抽样调查方式获取数据,计算出比值。该指标从企业角度考察就业情况,反映了企业用工需求的满足程度和招聘员工数量的完成情况。该指标比率越大,说明企业招聘员工的数量越接近企业实际需求。把该指标与就业率一起加以分析,可以看出就业不充分是否是就业供给与需求出现结构性失调的原因	企业用工保障率=企业实际招聘的员工人数/企业需要的员工人数(抽样调查)
二级指标	就业服务效能(2C)	就业服务效能是指就业服务相关部门和职员在提供就业服务时的办事效率、效果和工作的职责能力等。该指标能更好地从主观上反映就业公共服务的质量,以及受服务对象在享受就业权利方面的获得感,有利于推动实现更加充分的就业和更高质量的就业。该指标主要包括就业服务的软硬件设施、就业服务的高效性和就业服务质量等	
三级指标	软硬件设施齐备程度(2C1)	软硬件设施齐备程度是指就业公共服务机构服务受理、咨询接待、自助服务、休息等区域的配套设施设备完备程度,反映服务对象对软硬件设施完备程度的主观感受,便于就业服务设施建设和设备配置。该指标满意度越高,说明就业公共服务设施设备建设水平越高。该指标越是相对均等,说明各区域或各区县软硬件设施标准化建设水平越高	该指标主要通过问卷调查获取

续表

指标级数	指标名称	指标说明	计算方法
三级指标	就业服务高效性（2C2）	就业服务高效性是指就业服务事项办理流程、审批程序等的便捷性和高效性，反映服务对象对就业服务高效性、办理程序便捷性的主观感受，便于提升就业服务质量。该指标满意度越高，说明就业公共服务水平越高。该指标越是相对均等，说明各区域或各区县就业服务规范化水平越高	该指标主要通过问卷调查获取
	就业服务质量（2C3）	就业服务质量是指就业服务工作人员的业务办理态度，反映受服务对象在享受权利、接受服务方面的获得感和公平感等，便于提升就业服务机构和就业服务人员的整体形象。该指标满意度越高，说明就业服务质量越高。该指标越是相对均等，说明各区域或各区县就业服务规范化水平越高	该指标主要通过问卷调查获取

5.4 社会保险基本公共服务均等化指标体系

社会保险基本公共服务均等化指标体系由适用于重庆市市域范围的比较和适用于全国省际范围的比较两个版本构成，其指标体系及说明如下：

5.4.1 重庆市市域范围社会保险基本公共服务均等化评价指标体系

对重庆市市域范围内各区县人社领域社会保险基本公共服务均等化进行评价，构建如表5-5所示指标体系。

表5-5 重庆市市域范围社会保险基本公共服务均等化评价指标体系

一级指标	二级指标	三级指标	指标代码
机会均等化（1）	社会保险政策普及程度（1A）	养老保险相关事项知晓程度（%）	1A1
		医疗保险相关事项知晓程度（%）	1A2
		失业保险相关事项知晓程度（%）	1A3
		工伤保险相关事项知晓程度（%）	1A4
		生育保险相关事项知晓程度（%）	1A5
		社保服务网络平台数（个）	1A6
		信息平台访问频次（%）	1A7
	社会保险服务资源投入（1B）	社会保险经办机构密度（个/万人或个/平方千米）	1B1
		社保工作人员配备比率（人/万人）	1B2
		人均社会保险财政支出（万元）	1B3
		社保服务信息化程度（%）	1B4
结果均等化（2）	参保率（2A）	基本医疗保险参保率（%）	2A1
		基本养老保险参保率（%）	2A2
		资助医疗保险覆盖率（%）	2A3
		资助医疗保险资金占比（%）	2A4
	保障标准（2B）	企业退休人员年人均基本养老金占比（%）	2B1
	社会保险服务效能（2C）	软硬件设施齐备程度	2C1
		社保服务高效性	2C2
		社保服务质量	2C3

指标体系由一级指标、二级指标和三级指标构成，具体各级指标的说明如表5-6所示：

表 5-6　重庆市市域范围社会保险基本公共服务均等化指标体系详细说明

指标级数	指标名称	指标说明	计算方法
一级指标	社会保险机会均等化（1）	加快推进基本公共服务均等化是建设社会主义和谐社会的必由之路，而社保均等化是基本公共服务均等化的重要组成部分，社保均等化分为两个阶段，机会均等化和结果均等化。社会保险的机会均等化是指每个人平等地享有社会保险提供的各种机会，该指标是指在重庆市各个区县之间社会保险的机会均等化程度。社会保险的机会均等化主要从相关政策普及、资源投入等方面考察，包括社会保险政策普及程度，社会保险服务资源投入。只有实现机会均等，才能最终实现结果均等	
二级指标	社会保险政策普及程度（1A）	社会保险政策普及程度是指各种人群（包括城镇职工、城乡居民、机关事业单位）对社会保险相关政策事项的了解程度。该指标由养老保险相关事项知晓程度，医疗保险相关事项知晓程度，失业保险相关事项知晓程度，工伤保险相关事项知晓程度，生育保险相关事项知晓程度；社保服务网络平台数；信息平台访问频次等 7 个指标构成	
三级指标	养老保险相关事项知晓程度（1A1）	相关事项主要是指，单位是否参保、单位与个人分别缴纳的养老保险金额等养老保险相关事宜，具体问题设计在后期抽样问卷调查中进行。养老保险相关事项知晓程度是指，各群体对养老保险相关政策事项的了解程度。该指标比率越大，说明该地区养老保险相关政策事项的宣传工作越好，该地区政府社保服务的水平越高	该指标结果通过专项问卷调查获取

续表

指标级数	指标名称	指标说明	计算方法
三级指标	医疗保险相关事项知晓程度（1A2）	相关事项主要是指，单位与个人分别缴纳的医疗保险金额等医疗保险相关事宜，具体问题设计在后期抽样问卷调查中进行。医疗保险相关事项知晓程度是指，各群体对医疗保险相关政策事项的了解程度。该指标比率越大，说明该地区医疗保险相关政策事项的宣传工作越好，政策透明度越高	该指标结果通过专项问卷调查获取
	失业保险相关事项知晓程度（1A3）	相关事项主要是指，单位是否参保、单位与个人分别缴纳的失业保险金额等事宜，具体问题设计在后期抽样问卷调查中进行。失业保险相关事项知晓程度是指各群体对失业保险相关政策事项的了解程度。参保对象对失业保险相关事项的知晓程度越高，说明该地区失业保险相关政策事项的宣传工作越好	该指标结果通过专项问卷调查获取
	工伤保险相关事项知晓程度（1A4）	相关事项主要是指，单位是否参保、保险权利享受等事宜，具体问题设计在后期抽样问卷调查中进行。工伤保险相关事项知晓程度是指各群体对工伤保险相关政策事项的了解程度。该指标比率越大，说明该地区工伤保险相关政策事项的宣传工作越好，该地区政府社保服务的水平越高	该指标结果通过专项问卷调查获取
	生育保险相关事项知晓程度（1A5）	相关事项主要是指，单位是否参保等事宜，具体问题设计在后期抽样问卷调查中进行。生育保险相关事项知晓程度是指各群体对生育保险相关政策事项的了解程度，该指标比率越大，……	该指标结果通过专项问卷调查获取

续表

指标级数	指标名称	指标说明	计算方法
三级指标	社保服务网络平台数（1A6）	社保服务网络平台主要包括微信、QQ、微博等。社保服务网络平台数是指本地区社保服务过程中所利用的微信、QQ、微博等网络平台个数。社保服务过程中所利用的网络平台数越多，说明该地区社保宣传渠道越多，宣传工作的覆盖人群越广，信息化程度越高，越有利于提高公共社保服务水平	社保服务中使用的网络平台数＝与社保服务相关的微信、QQ、微博等网络平台个数
	信息平台访问频次（1A7）	信息平台主要包括微信、QQ、微博等，信息平台访问频次用于表示每年访问信息平台的人次占当地常住人口的比重。信息平台访问频次越高说明有越多的人通过网络平台了解社保相关信息，网络平台的利用率越高，体现该地区基本公共社保服务的机会均等化水平较高	信息平台访问频次＝每年访问人次/地区常住人口
二级指标	社会保险服务资源投入（1B）	社会保险服务资源投入是指该地区在社会保险服务方面投入的各种资源情况，包括人力资源、网络资源、财政资金和软硬件设施资源等。该指标从社会保险经办机构密度、社保工作人员配备比率、人均社会保险财政支出、社保服务信息化程度 4 个方面来考察	
三级指标	社会保险经办机构密度（1B1）	社会保险经办机构是指国家或社会对社会保险实行行政性、事业性管理的职能机构。社会保险经办机构密度，即每万人共同享有的社保经办机构数或每平方千米所拥有的社保经办机构数，该指标用社会保险办理机构数除以应参保人数或辖区面积来衡量。该指标比值越大，说明每万人或每平方千米拥有社保经办机构数越多，该地区社保公共服务供给能力越强	社会保险经办机构密度＝社会保险办理机构数/应参保人数或辖区面积

续表

指标级数	指标名称	指标说明	计算方法
三级指标	社保工作人员配备比率（1B2）	社保工作人员配备比率是用该地区从事社保服务工作的人员除以应参保人数。该指标体现了该地区政府对社保的人力资源投入力度,该指标比值越大,则社保工作人员配备比率越高,社保公共服务的人力资源保障水平越高	社保工作人员配备比率＝社保工作人员/应参保人数
	人均社会保险财政支出（1B3）	社会保险财政支出仅指政府财政对社保的支出,不包括单位对社保的支出部分。人均社会保险财政支出是指社会保险财政支出除以当地户籍人口数。该指标体现了该地区政府对社保的财政资金投入,该指标比重越高,说明该地区政府对社保服务的重视度越高,财政扶持力度越大,越有利于提高社保基本公共服务水平	人均社会保险财政支出＝社会保险财政支出/当地户籍人口数
	社保服务信息化程度（1B4）	社保服务信息化程度是指公共社保的服务和管理的信息化,用已经实现网上操作的社保服务业务数除以可以网上操作的社保服务业务数。为缓解社会保险全覆盖对经办机构的压力,为群众提供优质高效的社保服务,近年来人社部门不断推进社保信息系统建设,推动新兴 IT 技术在社保服务领域的运用。该指标比值越大,说明社保服务的信息化程度越高,体现该地区社保服务能力越高,有利于为居民职工提供更高效、更便捷的服务	社保服务信息化程度＝已经实现网上操作的社保服务业务数/可以网上操作的社保服务业务数
一级指标	社会保险结果均等化（2）	社会保险的结果均等化是应保障所有公民享有相对均等的社会保险服务,不因区域、城乡、职业的不同而有明显差异。结果均等化是衡量社会保险均等化的重点考察方面。其主要包括参保率、保障标准以及社保服务效能等	

续表

指标级数	指标名称	指标说明	计算方法
二级指标	参保率（2A）	参保率是指实际参加社会保险的人数在应参加社会保险人数中的占比。由于工伤保险、失业保险、生育保险这三个险种各区县的应参保人数无法衡量，所以主要从医疗保险与养老保险两个险种进行考察。这其中包括基本医疗保险参保率、基本养老保险参保率、资助医疗保险覆盖率、资助医疗保险资金占比等指标	
三级指标	基本医疗保险参保率（2A1）	基本医疗保险参保率是指该地区医疗保险参保人数除以应参保人数。该指标比率越大，则基本医疗保险参保率越高，说明基本医疗保险服务覆盖面越广，基本社保服务结果均等化水平越高	基本医疗保险参保率＝医疗保险参保人数/应参保人数
	基本养老保险参保率（2A2）	基本养老保险参保率是指该地区养老保险参保人数除以应参保人数，其中应参保人数为当地总人口。该指标比率越大，则基本养老保险参保率越高，说明基本养老保险服务覆盖面越广，基本社保服务结果均等化水平越高	基本养老保险参保率＝养老保险参保人数/当地总人口
	资助医疗保险覆盖率（2A3）	资助医疗保险覆盖率是指财政资助医疗保险人数除以当地户籍人口数，其中，财政资助医疗保险对象具体包括城市低保对象、城镇重度残疾学生和儿童、丧失劳动能力的城镇重度残疾人、城镇低收入家庭60周岁以上老年人。这一类人参加城镇居民基本医疗保险的个人缴费部分由财政负担。该指标比值越大，说明在医疗保险方面，受财政资助的人数越多，基本社保服务受益覆盖面越大	资助医疗保险覆盖率＝财政资助医疗保险人数/当地户籍人口数

续表

指标级数	指标名称	指标说明	计算方法
三级指标	资助医疗保险资金占比（2A4）	资助医疗保险资金占比是指财政资助基本医疗保险资金除以当地财政支出。该指标比率越大，则该地区政府对基本医疗保险的资助越多，说明政府对基本社保服务资金投入力度越大，越重视基本社保服务	资助医疗保险资金占比 = 财政资助基本医疗保险资金/当地财政支出
二级指标	保障标准（2B）	保障标准是指各地区所规定的基本社会保险的政策标准，比如退休人员每人每月所领取的基本养老金额等，由于机关事业单位人员、城镇职工、城乡居民所享有的社保政策标准不统一，所以这里主要考察企业退休人员月人均基本养老金额度，从养老保障是否充分来间接反映社会保障程度	
三级指标	企业退休人员年人均基本养老金占比（2B1）	企业退休人员年人均基本养老金占比是指企业退休人员每人每年基本养老金额度除以人均可支配收入。该指标反映了企业员工退休后，每月人均得到的基本养老金与地区人均可支配收入相比是否过低。该指标比率越高，说明该地区对企业退休人员的社会保障标准越高	企业退休人员年人均基本养老金占比 = 企业退休人员每人每年基本养老金额度/人均可支配收入
二级指标	社会保险服务效能（2C）	社会保险服务效能是指社保服务相关职能部门在提供社保服务时的办事效率以及工作人员的工作能力等。该指标反映了基本社保服务的质量，以及社保服务对象在享受待遇方面的权利范围，有利于推动实现更加高效、更高质量的社保服务。该指标主要包括社保服务的软硬件设施、社保服务的高效性和社保服务质量等	
三级指标	软硬件设施齐备程度（2C1）	该指标为主观调查指标，主要考察社保服务的软硬件设施的完备程度	该指标主要通过问卷调查获取

续表

指标级数	指标名称	指标说明	计算方法
三级指标	社保服务高效性（2C2）	该指标主要考察基本社保服务的高效性、办理程序的便捷性等	该指标主要通过问卷调查获取
	社保服务质量（2C3）	该指标主要考察社保服务人员的态度，受服务对象在享受权利方面的获得感和公平感等	该指标主要通过问卷调查获取

5.4.2 全国省际范围社会保险基本公共服务均等化评价指标体系

为对全国省际范围内各省市人社领域社会保险基本公共服务均等化进行评价，构建如表5-7所示指标体系。

表5-7 全国省际范围社会保险基本公共服务均等化评价指标体系

一级指标	二级指标	三级指标	指标代码
机会均等化（1）	社会保险政策普及程度（1A）	养老保险相关事项知晓程度（%）	1A1
		医疗保险相关事项知晓程度（%）	1A2
		失业保险相关事项知晓程度（%）	1A3
		工伤保险相关事项知晓程度（%）	1A4
		生育保险相关事项知晓程度（%）	1A5
	社会保险服务资源投入（1B）	社会保险经办机构密度（个/万人或个/平方千米）	1B1
		社保工作人员配备比率（人/万人）	1B2
		人均社会保险财政支出（万元）	1B3
		社保服务信息化程度（%）	1B4
结果均等化（2）	社会保险缴费负担（2A）	城镇职工人均养老保险缴费率（%）	2A1
		城镇职工养老保险月最低缴费额（万元）	2A2
		城镇职工医疗保险月最低缴费额（万元）	2A3
	参保率（2B）	基本医疗保险参保率（%）	2B1
		基本养老保险参保率（%）	2B2
		工伤保险参保率（%）	2B3

续表

一级指标	二级指标	三级指标	指标代码
结果均等化（2）	待遇标准的统一性（2C）	机关事业单位和城乡居民养老保险待遇标准差异度（%）	2C1
		城镇职工和城乡居民养老保险待遇标准差异度（%）	2C2
		机关事业单位和城乡居民医疗保险待遇标准差异度（%）	2C3
		城镇职工和城乡居民养老保险待遇标准差异度（%）	2C4
	保障标准（2D）	城乡居民养老保险待遇最低标准（元）	2D1
		企业退休人员年人均基本养老金占比（%）	2D2
		城镇职工医疗保险住院政策范围内报销比例（%）	2D3
		城乡居民医疗保险在二级及以下医院住院政策范围内报销比例（%）	2D4
	社会保险服务效能（2E）	软硬件设施齐备程度	2E1
		社保服务高效性	2E2
		社保服务质量	2E3

指标体系由一级、二级和三级指标构成，并分别编号和说明，具体各级指标的说明如表5-8所示：

表5-8　全国省际范围社会保险基本公共服务均等化指标体系详细说明

指标级数	指标名称	指标说明	计算方法
一级指标	社会保险机会均等化（1）	加快推进基本公共服务均等化是建设社会主义和谐社会的必由之路，而社保均等化是基本公共服务均等化的重要组成部分，社保均等化分为两个阶段，机会均等化和结果均等化。社会保险的机会均等化是指每个人平等地享有社会保险提供的各种机会，该指标是指在全国省际范围社会保险的机会均等化程度。社会保险的机会均等化主要从相关政策普及、资源投入等方面考察，包括社会保险政策普及程度，社会保险服务资源投入。只有实现机会均等，才能最终实现结果均等	

续表

指标级数	指标名称	指标说明	计算方法
二级指标	社会保险政策普及程度(1A)	社会保险政策普及程度是指各种人群(包括城镇职工、城乡居民、机关事业单位)对社会保险相关政策事项的了解程度。该指标由养老保险相关事项知晓程度、医疗保险相关事项知晓程度、失业保险相关事项知晓程度、工伤保险相关事项知晓程度、生育保险相关事项知晓程度5个指标构成	
三级指标	养老保险相关事项知晓程度(1A1)	相关事项主要是指,单位是否参保、单位与个人分别缴纳的养老保险金额等养老保险相关事宜,具体问题设计在后期抽样问卷调查中进行。养老保险相关事项知晓程度是指,各群体对养老保险相关政策事项的了解程度。该指标比率越大,说明该地区养老保险相关政策事项的宣传工作越好,该地区政府社保服务的水平越高	该指标结果通过专项问卷调查获取
	医疗保险相关事项知晓程度(1A2)	相关事项主要是指,单位与个人分别缴纳的医疗保险金额等医疗保险相关事宜,具体问题设计在后期抽样问卷调查中进行。医疗保险相关事项知晓程度是指,各群体对医疗保险相关政策事项的了解程度。该指标比率越大,说明该地区医疗保险相关政策事项的宣传工作越好,政策透明度越高	该指标结果通过专项问卷调查获取

续表

指标级数	指标名称	指标说明	计算方法
三级指标	失业保险相关事项知晓程度（1A3）	相关事项主要是指，单位是否参保、单位与个人分别缴纳的失业保险金额等事宜，具体问题设计在后期抽样问卷调查中进行。失业保险相关事项知晓程度是指各群体对失业保险相关政策事项的了解程度。参保对象对失业保险相关事项的知晓程度越高，说明该地区失业保险相关政策事项的宣传工作越好	该指标结果通过专项问卷调查获取
	工伤保险相关事项知晓程度（1A4）	相关事项主要是指，单位是否参保、保险权利享受等事宜，具体问题设计在后期抽样问卷调查中进行。工伤保险相关事项知晓程度是指各群体对工伤保险相关政策事项的了解程度。该指标比率越大，说明该地区工伤保险相关政策事项的宣传工作越好，该地区政府社保服务的水平越高	该指标结果通过专项问卷调查获取
	生育保险相关事项知晓程度（1A5）	相关事项主要是指，单位是否参保等事宜，具体问题设计在后期抽样问卷调查中进行。生育保险相关事项知晓程度是指各群体对生育保险相关政策事项的了解程度	该指标结果通过专项问卷调查获取
二级指标	社会保险服务资源投入（1B）	社会保险服务资源投入是指该地区在社会保险服务方面投入的各种资源情况，包括人力资源、网络资源、财政资金和软硬件设施资源等。该指标从社会保险经办机构密度、社保工作人员配备比率、人均社会保险财政支出、社保服务信息化程度4个方面来考察	

续表

指标级数	指标名称	指标说明	计算方法
三级指标	社会保险经办机构密度（1B1）	社会保险经办机构是指国家或社会对社会保险实行行政性、事业性管理的职能机构。社会保险经办机构密度，即每万人共同享有的社保经办机构数或每平方千米所拥有的社保经办机构数，该指标用社会保险办理机构数除以应参保人数或辖区面积来衡量。该指标比值越大，说明每万人或每平方千米拥有社保经办机构数越多，该地区社保公共服务供给能力越强	社会保险经办机构密度＝社会保险办理机构数/应参保人数或辖区面积
	社保工作人员配备比率（1B2）	社保工作人员配备比率是指该地区从事社保服务工作的人员除以应参保人数。该指标体现了该地区政府对社保的人力资源投入力度，该指标比值越大，则社保工作人员配备比率越高，社保公共服务的人力资源保障水平越高	社保工作人员配备比率＝社保工作人员/应参保人数
	人均社会保险财政支出（1B3）	社会保险财政支出仅指政府财政对社保的支出，不包括单位对社保的支出部分。人均社会保险财政支出是指社会保险财政支出除以当地户籍人口数。该指标体现了该地区政府对社保的财政资金投入，该指标比重越高，说明该地区政府对社保服务的重视度越高，财政扶持力度越大，越有利于提高社保基本公共服务水平	人均社会保险财政支出＝社会保险财政支出/当地户籍人口数

续表

指标级数	指标名称	指标说明	计算方法
三级指标	社保服务信息化程度（1B4）	社保服务信息化程度是指公共社保的服务和管理的信息化,用已经实现网上操作的社保服务业务数除以可以网上操作的社保服务业务数。该指标比值越大,说明社保服务的信息化程度越高,体现该地区社保服务能力越高,有利于为居民职工提供更高效、更便捷的服务	社保服务信息化程度＝已经实现网上操作的社保服务业务数/可以网上操作的社保服务业务数
一级指标	社会保险结果均等化（2）	社会保险结果均等化是指应保障所有公民享有相对均等的社会保险服务,不因区域、城乡、职业的不同而有明显差异。结果均等化是衡量社会保险均等化的重点考察方面。主要包括社会保险缴费负担、参保率、待遇标准的统一性、保障标准以及社保服务效能等	
二级指标	社会保险缴费负担（2A）	社会保险缴费负担是指各地区所缴纳社会保险标准,由于机关事业单位、城镇职工、城乡居民的缴费标准不一样,这里主要考察城镇职工的缴费标准,包括城镇职工人均养老保险缴费率(%)、城镇职工养老保险月最低缴费额(万元)、城镇职工医疗保险月最低缴费额(万元)等指标。该指标可以从客观上评估出基本社保服务的结果	

续表

指标级数	指标名称	指标说明	计算方法
三级指标	城镇职工人均养老保险缴费率（2A1）	城镇职工人均养老保险缴费率是指城镇职工人均养老保险缴费金额除以非私营单位在岗职工人均收入。该指标反映了城镇职工社保缴费的负担程度，是衡量结果的一个重要指标。该指标比率越高，说明社会保险缴费负担可能会越重，但对养老保险而言，缴纳越多，退休后领取养老金越多，所以也反映了城镇职工所享受的待遇越好	城镇职工人均养老保险缴费率＝城镇职工人均养老保险缴费金额/非私营单位在岗职工人均收入
	城镇职工养老保险月最低缴费额（2A2）	城镇职工养老保险月最低缴费额是指城镇职工每月养老保险最低缴费金额，该指标反映了城镇职工社保缴费的负担程度。该指标比率越高，说明该地区城镇职工社会保险缴费负担可能会越重，但同时所享受的社保待遇越好	该指标根据统计局公布数据获取
	城镇职工医疗保险月最低缴费额（2A3）	城镇职工医疗保险月最低缴费额是指城镇职工每月医疗保险最低缴费金额，该指标反映了城镇职工社保缴费的负担程度。与养老保险不同，医疗保险按工资比例缴纳，工资较高的职工缴纳金额较多。该指标比率越高，说明该地区城镇职工社会保险缴费负担可能会越重	该指标根据统计局公布数据获取

续表

指标级数	指标名称	指标说明	计算方法
二级指标	参保率（2B）	参保率是指实际参加社会保险的人数在应参加社会保险人数中的占比。由于失业保险、生育保险这两个险种在各省市的参保标准不统一，应参保人数无法衡量，所以主要从医疗保险、养老保险以及工伤保险三个险种进行考察，包括基本医疗保险参保率、基本养老保险参保率、工伤保险参保率等指标	
三级指标	基本医疗保险参保率（2B1）	基本医疗保险参保率是指该地区医疗保险参保人数除以应参保人数，其中应参保人数为上年度户籍人口减去已在省外务工等参保人数。该指标比率越大，则基本医疗保险参保率越高，说明基本医疗保险服务覆盖面越广，基本社保服务结果均等化水平越高	基本医疗保险参保率＝医疗保险参保人数/应参保人数
	基本养老保险参保率（2B2）	基本养老保险参保率是指该地区养老保险参保人数除以应参保人数，其中应参保人数为当地总人口。该指标比率越大，则基本养老保险参保率越高，说明基本养老保险服务覆盖面越广，基本社保服务结果均等化水平越高	基本养老保险参保率＝养老保险参保人数/当地总人口数
	工伤保险参保率（2B3）	工伤保险参保率是指该地区工伤保险参保人数除以应参保人数，其中应参保人数为从业人数。该指标比率越大，则工伤保险参保率越高，说明工伤保险服务覆盖面越广，基本社保服务结果均等化水平越高	工伤保险参保率＝工伤保险参保人数/从业人数

续表

指标级数	指标名称	指标说明	计算方法
二级指标	待遇标准的统一性（2C）	待遇标准的统一性是指机关事业单位人员、城镇职工和城乡居民所享受的社保标准统一程度，反映了该地区政府不断缩小这三种人群社保标准差距的努力，是政府基本社保服务结果均等化的重要衡量指标。设定以下几个指标进行考察：机关事业单位和城乡居民养老保险待遇标准差异度、城镇职工和城乡居民养老保险待遇标准差异度、机关事业单位和城乡居民医疗保险待遇标准差异度、城镇职工和城乡居民医疗保险待遇标准差异度	
三级指标	机关事业单位和城乡居民养老保险待遇标准差异度（2C1）	以养老保险待遇标准最低的城乡居民为基准，考察机关事业单位人员与城乡居民在养老保险待遇标准方面的差距。该指标均以最低档的养老保险来进行比较	机关事业单位和城乡居民养老保险待遇标准差异度=（机关事业单位退休后人均月退休工资/机关事业单位人均月缴纳养老保险金额）/（城乡居民退休后人均月退休工资/城乡居民人均月缴纳养老保险金额）

续表

指标级数	指标名称	指标说明	计算方法
三级指标	城镇职工和城乡居民养老保险待遇标准差异度（2C2）	该指标反映了城镇职工和城乡居民在享受养老保险待遇标准上的差异。该指标比值越小，说明城镇职工和城乡居民所享受的养老保险待遇差别越小，该地区政府提供的社保服务均等化程度越高。该指标以最低档的养老保险来进行比较	城镇职工和城乡居民养老保险待遇标准差异度＝（城镇职工退休后人均月退休工资/城镇职工人均月缴纳养老保险金额）/（城乡居民退休后人均月退休工资/城乡居民人均月缴纳养老保险金额）
	机关事业单位和城乡居民医疗保险待遇标准差异度（2C3）	以城乡居民享受的医疗保险待遇标准为基准，反映了机关事业单位和城乡居民在享受医疗保险待遇标准上的差异。该指标比值越小，说明机关事业单位和城乡居民所享受的医疗保险待遇差别越小，该地区政府提供的社保服务均等化程度越高。该指标以最低档的医疗保险来进行比较	机关事业单位和城乡居民医疗保险待遇标准差异度＝（机关事业单位可享受的医疗保险报销比例/机关事业单位人均缴纳医疗保险金额）/（城乡居民可享受的医疗保险报销比例/城乡居民人均缴纳医疗保险金额）
	城镇职工和城乡居民医疗保险待遇标准差异度（2C4）	该指标反映了城镇职工和城乡居民在享受医疗保险待遇标准上的差异。该指标比值越小，说明城镇职工和城乡居民所享受的医疗保险待遇差别越小，该地区政府提供的社保服务均等化程度越高。该指标以最低档的医疗保险来进行比较	城镇职工和城乡居民医疗保险待遇标准差异度＝（城镇职工可享受的医疗保险报销比例/城镇职工人均缴纳医疗保险金额）/（城乡居民可享受的医疗保险报销比例/城乡居民人均缴纳医疗保险金额）

续表

指标级数	指标名称	指标说明	计算方法
二级指标	保障标准（2D）	保障标准是指各地区所规定的基本社会保险的政策标准，比如退休人员每人每月所领取的基本养老金等，由于机关事业单位、城镇职工、城乡居民所享有的社保政策标准不统一，所以这里主要考察企业退休人员月人均基本养老金额度，以及城镇职工、城乡居民的社保待遇标准。该指标用城乡居民养老保险待遇最低标准、企业退休人员年人均基本养老金占比、城镇职工医疗保险住院政策范围内报销比例、城乡居民医疗保险在二级及以下医院住院政策范围内报销比例等指标来测度	
三级指标	城乡居民养老保险待遇最低标准（2D1）	城乡居民养老保险待遇最低标准是指城乡居民养老保险待遇最低标准金额。该指标反映了各地区所规定的基本社会保险的政策标准。该指标比率越高，说明该地区社保水平越高	该指标根据统计局公布数据计算得出
	企业退休人员年人均基本养老金占比（2D2）	企业退休人员年人均基本养老金占比是指企业退休人员每人每年基本养老金额度除以人均可支配收入。该指标反映了企业员工退休后，每月人均得到的基本养老金占可支配收入的比重。该指标比率越高，说明该地区对企业退休人员的社会保障标准越高	企业退休人员年人均基本养老金占比 = 企业退休人员每人每年基本养老金额度/人均可支配收入

续表

指标级数	指标名称	指标说明	计算方法
三级指标	城镇职工医疗保险住院政策范围内报销比例（2D3）	城镇职工医疗保险住院政策范围内报销比例是指根据相关政策规定的城镇职工医疗保险住院报销比例。该指标反映了当地政府对城镇职工医疗保险的财政扶持力度。该指标比率越大,说明城镇职工医疗自费占比越小,享受社保福利待遇越高	根据相关政策规定
	城乡居民医疗保险在二级及以下医院住院政策范围内报销比例（2D4）	城乡居民医疗保险在二级及以下医院住院政策范围内报销比例是指相关政策规定的报销比例。该指标的设计主要针对医患分流问题。目前,由于医疗资源配置不均和民众看病心理等问题,看病难、挂号难问题主要集中在大医院、三甲医院,而一级医院、二级医院的工作量相对较小。解决这类医患问题可以从政策上进行限制,例如各个地区规定的城乡居民医疗保险在二级及以下医院住院报销比例。该指标比率越大,说明城乡居民在二级及以下医院住院自费比例越小,享受社保福利待遇越高,越有利于解决医患问题,对人群进行分流	根据相关政策规定
二级指标	社会保险服务效能（2E）	社会保险服务效能是指社保服务相关职能部门在提供社保服务时的办事效率以及工作人员的工作能力等。该指标反映了基本社保服务的质量,以及社保服务对象在享受待遇方面的权利范围,有利于推动实现更加高效、更高质量的社保服务。该指标主要包括社保服务的软硬件设施、社保服务的高效性和社保服务质量等	

续表

指标级数	指标名称	指标说明	计算方法
三级指标	软硬件设施齐备程度（2E1）	该指标为主观调查指标，主要考察社保服务的软硬件设施的完备程度	该指标主要通过问卷调查获取
	社保服务高效性（2E2）	该指标主要考察基本社保服务的高效性、办理程序的便捷性等	该指标主要通过问卷调查获取
	社保服务质量（2E3）	该指标主要考察社保服务人员的态度，受服务对象在享受权利方面的获得感和公平感等	该指标主要通过问卷调查获取

5.5 创业基本公共服务均等化指标体系

创业基本公共服务均等化指标体系由适用于重庆市市域范围的比较和适用于全国省际范围的比较两个版本构成，其指标体系及说明如下：

5.5.1 重庆市市域范围创业基本公共服务均等化评价指标体系

为对重庆市市域范围内各区县人社领域创业基本公共服务均等化进行评价，构建如表5-9所示指标体系。

表 5-9　重庆市市域范围创业基本公共服务均等化评价指标体系

一级指标	二级指标	三级指标	指标代码
机会均等化（1）	创业资金扶持（1A）	小额担保贷款发放数(笔)	1A1
		小额担保贷款回收率(%)	1A2
		平均小额担保贷款额(万元)	1A3
		创业类补贴发放金额(万元)	1A4
		创业类补贴发放金额占就业补助资金总支出比重(%)	1A5
	创业能力提升（1B）	创业培训举办次数(次)	1B1
		创业培训服务覆盖率(%)	1B2
		创业培训经费投入比重(%)	1B3
		创业项目推介会举办次数(次)	1B4
	创业服务保障（1C）	每万人拥有创业孵化基地面积(平方米)	1C1
		每万人拥有创业服务工作人员数(人)	1C2
		公共创业服务机构和平台建设经费投入比重(%)	1C3
		创业服务信息化程度(%)	1C4
		创业服务网络平台数(个)	1C5
		创业促进政策知晓率(%)	1C6
结果均等化（2）	创业服务经济效果（2A）	培训后创业成功率(%)	2A1
		返乡农民工创业比例(%)	2A2
		每万元创业财政支出新增创业企业数(户)	2A3
		每万元创业财政支出带动就业人数(人)	2A4
		每万元创业财政支出新增创业企业产值(万元)	2A5
		每万元创业财政支出新增创业企业税收(万元)	2A6
	创业服务效能（2B）	软硬件设施齐备程度	2B1
		创业服务高效性	2B2
		创业服务质量	2B3

指标体系由一级、二级和三级指标构成，具体各级指标的说明如表 5-10 所示：

表 5-10　重庆市市域范围创业基本公共服务均等化指标体系详细说明

指标级数	指标名称	指标说明	计算方法
一级指标	创业服务机会均等化（1）	创业活动的不确定性和风险性决定了创业结果的不确定性，这一方面说明创业活动需要政府提供一定的优惠政策和便利条件，另一方面也说明创业公共服务应侧重于区域、城乡之间创业政策环境和创业服务方面的机会均等，在此基础上逐渐实现结果均等。创业公共服务的机会均等化主要包括提供创业资金扶持、创业能力提升和创业服务保障方面的机会均等化，使创业需求者能够平等地享有创业政策和创业服务，激发创业动力和活力 创业公共服务机会均等化是创业公共服务均等化的主要内容，是评价创业公共服务质量的重要标准，也是实现创业公共服务结果均等化的首要前提。区域、城乡创业需求者越是拥有相对平等的资金扶持机会、能力提升机会和服务保障机会，越能代表创业公共服务的机会均等化水平	
二级指标	创业资金扶持（1A）	创业资金是创业者需要解决的首要问题，创业融资服务是创业公共服务的关键要素。创业资金扶持主要包括小额担保贷款和贴息、创业类补贴、大学生创业基金等优惠政策。在该指标的构建上，主要考虑小额担保贷款和创业类补贴两方面 创业融资渠道主要来源于金融机构、政府、社会资助以及风险投资机构和非政府组织运作的创业扶持基金。但我国的创业投资机制尚不健全，能通过商业贷款、政府资助等方式获得创业启动资金的创业者较少。创业担保贷款、创业补贴等资金扶持政策可以缓解创业者融资难问题，减轻创业者经济负担。各地区的创业资金扶持力度越均等，代表创业机会均等化程度越高，越有利于实现创业结果均等	

续表

指标级数	指标名称	指标说明	计算方法
三级指标	小额担保贷款发放数（1A1）	小额担保贷款是创业者最重要的融资渠道。小额担保贷款发放数是指各地当年小额担保贷款实际发放笔数。小额担保贷款申请有一定的额度限制，原则上对创业能力强、创业项目优的创业者应适当倾斜和放宽。但扩大小额担保贷款的惠及面也有利于调动更多创业者的积极性。因此，该指标反映小额担保贷款的覆盖人数，小额担保贷款发放数越多，说明小额担保贷款覆盖范围越广，越有利于提升当地创业积极性。该指标在各区域或各区县越均等，说明创业资金扶持力度越相对均等	小额担保贷款发放数＝当年小额担保贷款实际发放笔数，由各地人社部门统计
	小额担保贷款回收率（1A2）	小额担保贷款回收率是指小额担保贷款到期实际回收金额与小额担保贷款到期应还款金额的比值。该指标反映小额担保贷款回收质量和资金安全。小额担保贷款回收率越高，说明小额担保贷款审核、发放工作越科学严谨，贷款回收工作越积极有效。提高小额担保贷款回收率有利于保障资金安全运作，规范小额担保贷款政策落实发挥贷款经济效益。该指标在各区域或各区县越均等，说明贷款回收质量和资金安全越均等	小额担保贷款回收率＝小额担保贷款到期实际回收金额/小额担保贷款到期应还款金额
	平均小额担保贷款额（1A3）	平均小额担保贷款额是指小额担保贷款的平均额度，从总体上反映各地小额担保贷款对个人创业的资金支持力度。平均小额担保贷款额越高，说明该地区总体上小额担保贷款额度较高，保障力度越大。该指标在各区域或各区县越均等，说明创业资金扶持力度越均等	平均小额担保贷款额＝新增小额担保贷款额/小额担保贷款发放数

续表

指标级数	指标名称	指标说明	计算方法
三级指标	创业类补贴发放金额（1A4）	创业类补贴是就业补助资金中用于对创业者进行融资、税费、场地等方面的补贴优惠政策，有助于降低创业者创业成本。创业类补贴发放金额反映创业类补贴的发放量，该指标越大，说明创业补贴力度越大。该指标在各区域或各区县越均等，说明创业资金扶持力度越相对均等	创业类补贴发放金额＝当年创业类补贴实际发放总额
	创业类补贴发放金额占就业补助资金总支出比重（1A5）	创业类补贴发放金额占就业补助资金总支出比重反映各区域或各区县对创业类补贴的支持力度。该指标越大，说明创业补贴力度越大，对创业重视程度越高，有利于以创业促进就业。该指标越均等，说明各区域或各区县创业资金扶持力度越相对均等	创业类补贴发放金额占就业补助资金总支出比重＝创业类补贴发放金额/地区就业补助资金总支出
二级指标	创业能力提升（1B）	为解决创业者创业能力弱的问题，要着力于创业能力提升。创业能力提升包括为创业者提供创业咨询指导、创业培训、创业见习、创业项目推介等创业服务。主要从创业培训和创业项目推介两方面构建该指标 在传统产业升级的背景下，创业者需要转变创业观念、掌握市场信息、寻找创业渠道方法，但商业化培训市场信息杂、成本高。就业部门为创业者提供创业培训、创业项目推介等服务有助于创业者提升其创业技能和经营管理能力，提高抗风险能力和创业竞争力。各区域或各区县越公平地提供创业咨询、创业培训等创业服务，使得各地创业者拥有相对均等的创业能力提升机会，有利于实现创业结果均等	

续表

指标级数	指标名称	指标说明	计算方法
三级指标	创业培训举办次数（1B1）	创业培训可包含开业申办、市场营销、客户服务、财务和人员管理、开业政策等方面的理论和使用技能，是提升创业能力的有效手段。广义上的创业培训包括人社、农业、工会等部门提供的创业培训项目，考虑数据获取的便利性，本指标仅考虑人社部门主办或组织的创业培训服务。创业培训举办次数反映就业部门对创业培训的重视程度。该指标越均等，说明各区域或各区县创业者越能公平地享有创业培训机会	创业培训举办次数=全年地区人社部门组织的创业培训次数，由各地人社部门统计
	创业培训服务覆盖率（1B2）	创业培训服务覆盖率是指接受创业培训人数占地区劳动适龄人口的比重。该指标反映享受创业培训服务的人口比例，创业培训服务覆盖率越大，说明对劳动者的创业培训越充分。该指标越均等，说明各区域或各区县创业者越能公平地享有创业培训机会	创业培训服务覆盖率=接受创业培训人数/地区劳动适龄人口数
	创业培训经费投入比重（1B3）	创业培训经费投入比重是指创业培训经费投入与地区就业补助资金总支出的比值。该指标反映创业培训的资金保障程度，创业培训经费投入比重越大，说明对创业培训的资金保障程度越高，支持力度越大。该指标越均等，说明各区域或各区县创业培训财力保障越均等	创业培训经费投入比重=创业培训经费投入/地区就业补助资金总支出
	创业项目推介会举办次数（1B4）	创业项目推介会举办次数是指全年地区人社部门组织的创业项目推介会次数。创业项目推介便于创业者进行项目筛选，便于推广优质创业模式，是提升创业品质的有效手段。创业项目推介会举办次数越多，说明该地创业项目越丰富，创业项目指导越充分。该指标越均等，说明各区域或各区县创业项目推介指导机会越均等	创业项目推介会举办次数=全年地区人社部门组织的创业项目推介会次数，由各地人社部门统计

续表

指标级数	指标名称	指标说明	计算方法
二级指标	创业服务保障（1C）	创业服务保障是指通过公共服务机构设施建设、设备配置、人员配备、经费投入、服务流程优化、政策宣传落实等手段提升创业服务质量和水平。创业服务保障反映创业服务资源的投入和分配。创业服务保障越充分，说明地区创业服务资源越丰富，创业服务保障越均等，说明各区域或各区县创业者越能公平地享受创业服务 在指标构建上，分别从创业孵化基地、创业服务工作人员、创业服务机构和平台建设经费、创业服务流程、创业政策信息宣传落实等方面设计相应指标	
三级指标	每万人拥有创业孵化基地面积（1C1）	创业孵化是创业公共服务的重要平台，为创业者提供共享服务空间、经营场地、政策指导、资金申请、咨询策划、项目顾问、人才培养等多类创业服务，为创业起步提供一个良好的创业生态环境和有效载体。每万人拥有创业孵化基地面积是指万人创业孵化基地面积拥有量，反映出对创业者的空间和场地支持。该指标越均等，说明各区域和各区县创业场地保障越均等	每万人拥有创业孵化基地面积＝创业孵化基地面积/地区常住人口数
	每万人拥有创业服务工作人员数（1C2）	创业服务工作人员是指基层劳动就业和社会保障服务机构内从事创业服务的工作人员，如区县就业和人才服务局提供创业服务的工作人员。每万人拥有创业服务工作人员数反映创业服务的人力资源投入，创业服务工作人员配置越充足，地区创业服务工作质量越高。该指标越均等，说明各区域或各区县创业服务人力资源保障越均等	每万人拥有创业服务工作人员数＝创业服务工作人员数/地区常住人口数

续表

指标级数	指标名称	指标说明	计算方法
三级指标	公共创业服务机构和平台建设经费投入比重（1C3）	公共创业服务机构和平台是创业服务的物质基础。公共创业服务机构和平台建设经费投入比重是指公共创业服务机构和平台建设经费投入与地区财政支出的比值，该指标反映地区财政对创业服务基础建设的经费保障。该指标越大，说明机构设施建设的经费保障越充分，越有利于标准化建设和提升创业服务水平。该指标越均等，说明各区域或区县创业公共服务供给能力越均等	公共创业服务机构和平台建设经费投入比重=公共创业服务机构和平台建设经费投入/地区财政支出
	创业服务信息化程度（1C4）	创业服务信息化程度是指创业服务业务的在线操作实现程度，反映地区创业服务流程的便捷性和创业服务管理能力。创业服务信息化程度越高，说明创业服务流程越简洁，创业服务效率越高。该指标越均等，说明各区域或各区县的创业服务管理能力越均等	创业服务信息化程度=已经实现网上操作的创业服务业务数/可以网上操作的创业服务业务数
	创业服务网络平台数（1C5）	创业服务网络平台是创业政策宣传、创业信息交流、创业经验吸收的重要载体，包括微信公众号、微信群、QQ群、微博等与创业相关的信息媒介。创业服务网络平台数反映创业服务的信息化水平，体现创业政策的宣传方式和手段，有利于创业者及时全面了解创业信息，解决创业问题。该指标越均等，说明各区域或各区县创业服务信息保障越均等	创业服务网络平台数=与创业服务相关的微信、QQ、微博等网络平台个数
	创业促进政策知晓率（1C6）	创业促进政策知晓率是指创业者对创业政策的及时、全面了解程度。该指标反映地区创业政策的宣传力度，创业促进政策知晓率越高，说明创业政策宣传工作开展越充分，有利于创业者及时掌握创业信息，增强市场反应能力。该指标越均等，说明各区域或各区县创业政策宣传力度越均等，越有利于实现创业机会均等化	该指标通过问卷调查获取

续表

指标级数	指标名称	指标说明	计算方法
一级指标	创业服务结果均等化（2）	创业公共服务的结果均等化是指创业公共服务的财力、物力、人力等资源投入产出情况和创业政策的制定实施效果在不同区域、不同群体当中的相对均等，主要体现在创业服务的经济效果和创业服务的效能两个方面 创业公共服务结果均等化是机会均等化的目标，是衡量创业公共服务质量的有效标准。创业服务的结果均等化反映出地区创业服务的质量和效率，也侧面反映出创业服务的机会均等化程度。结果均等化水平越高，说明创业服务的资源投入、创业政策的实施效果和创业服务的质量水平相对均等	
二级指标	创业服务经济效果（2A）	创业服务经济效果是创业政策实施和创业服务资源投入的直接效果，体现在新增创业人数、新增创业企业、创业新增产值、创业新增税收等方面，反映创业政策实施和创业服务资源投入的收益 创业服务经济效果是评价创业公共服务质量的主要标准，是调配创业资源投入、调整创业政策的现实依据。创业服务经济效果越是相对均等，说明地区拥有大致相同的创业资源使用效率和创业政策实施能力	
三级指标	培训后创业成功率（2A1）	培训后创业成功率是指当年新增自主创业人数与当年参加创业培训人数的比值。该指标反映各类创业培训的开展效果，培训后创业成功率越高，创业培训实施效果越好。培训后创业成功率越是相对均等，说明各区域或各区县创业培训经济效果大致相等	培训后创业成功率＝新增自主创业人数/参加创业培训人数

续表

指标级数	指标名称	指标说明	计算方法
三级指标	返乡农民工创业比例（2A2）	返乡农民工创业比例是指当年返乡农民工创业人数与当年返乡农民工人数的比值。该指标体现农民工返乡创业政策的实施效果，也反映出农民工返乡创业的需求和规模，侧面反映对农民工返乡创业的支持力度和农民工返乡创业的机遇条件。返乡农民工创业比例越高，说明返乡农民工创业积极性越高，返乡农民工创业条件越优越，返乡农民工创业政策实施效果越好。返乡农民工创业比例越是相对均等，说明各区域或各区县返乡农民工创业政策实施效果大致相等	返乡农民工创业比例＝返乡农民工创业人数/返乡农民工人数
	每万元创业财政支出新增创业企业数（2A3）	每万元创业财政支出新增创业企业数是指当年新增创业企业数与创业服务财政支出之比。该指标反映创业财政支出在新增创业企业方面的经济效果，该指标数值越高，说明创业财政支出使用效率越高。该指标越均等，说明各区域或各区县创业财政资金使用效率和经济效果大致相等	每万元创业财政支出新增创业企业数＝新增创业企业数/创业服务财政支出
	每万元创业财政支出带动就业人数（2A4）	每万元创业财政支出带动就业人数是指新增创业企业带动或吸纳的就业人数与创业财政支出之比。该指标反映创业财政支出在带动就业方面的经济效果，该指标数值越大，说明创业带动就业效果越明显，创业财政支出使用效率越高。该指标越均等，说明各区域或各区县创业财政资金使用效率和经济效果大致相等	每万元创业财政支出带动就业人数＝新增创业企业带动或吸纳的就业人数/创业服务财政支出
	每万元创业财政支出新增创业企业产值（2A5）	每万元创业财政支出新增创业企业产值是指新增创业企业创造的产值与创业服务财政支出的比值。该指标反映创业财政支出在新增产值方面的经济效果，该指标数值越大，说明创业企业产值越高，经济贡献越大。该指标越均等，说明各区域或各区县创业财政支出的使用效率和经济效果大致相等	每万元创业财政支出新增创业企业产值＝新增创业企业创造的产值/创业服务财政支出

续表

指标级数	指标名称	指标说明	计算方法
三级指标	每万元创业财政支出新增创业企业税收（2A6）	每万元创业财政支出新增创业企业税收是指新增创业企业缴纳税收数额与创业服务财政支出的比值。该指标反映创业财政支出在新增税收方面的经济效果，该指标数值越大，说明创业企业新增税收越多，创业财政支出回报率越高。该指标越均等，说明各区域或各区县创业财政支出的使用效率和经济效果大致相等	每万元创业财政支出新增创业企业税收＝新增创业企业缴纳税收/创业服务财政支出
二级指标	创业服务效能（2B）	创业服务效能是指提供创业服务的各部门、人员在职能职责履行、办事效率、服务质量方面的效果。该指标是反映创业服务效果的主观指标，反映创业服务对象对创业政策和创业服务的满意度和获得感，体现创业公共服务的质量水平 创业服务效能是创业政策发挥作用的有利因素，是创业服务结果均等化的重要体现。创业服务效能越高，越有利于创业政策的宣传落实和受服务对象的权益保障。该指标由软硬件设施齐备程度、创业服务高效性和创业服务质量构成	
三级指标	软硬件设施齐备程度（2B1）	软硬件设施齐备程度是指创业公共服务机构服务受理、咨询接待、自助服务、休息等区域的配套设施设备完备程度，反映服务对象对软硬件设施完备程度的主观感受，便于创业服务设施建设和设备配置。该指标满意度越高，说明创业公共服务设施设备建设水平越高。该指标越是相对均等，说明各区域或各区县软硬件设施标准化建设水平越高	该指标通过问卷调查获取

续表

指标级数	指标名称	指标说明	计算方法
三级指标	创业服务高效性（2B2）	创业服务高效性是指创业服务事项办理流程、审批程序等的便捷性和高效性，反映服务对象对创业服务高效性、办理程序便捷性的主观感受，便于提升创业服务质量。该指标满意度越高，说明创业公共服务水平越高。该指标越是相对均等，说明各区域或各区县创业服务规范化水平越高	该指标通过问卷调查获取
	创业服务质量（2B3）	创业服务质量是指创业服务工作人员的业务办理态度，反映受服务对象在享受权利、接受服务方面的获得感和公平感等，便于提升创业服务机构和创业服务人员的整体形象。该指标满意度越高，说明创业服务质量越高。该指标越是相对均等，说明各区域或各区县创业服务规范化水平越高	该指标通过问卷调查获取

5.5.2　全国省际范围创业基本公共服务均等化评价指标体系

为对全国省际范围内各省市人社领域创业基本公共服务均等化进行评价，构建如表5-11所示指标体系。

表5-11　全国省际范围创业基本公共服务均等化评价指标体系

一级指标	二级指标	三级指标	指标代码
机会均等化（1）	创业资金扶持（1A）	创业财政支出占比（%）	1A1
		小额担保贷款额占地区贷款总额比重（%）	1A2
		创业补贴发放金额占财政总支出比重（%）	1A3
	创业服务保障（1B）	每万人拥有创业孵化基地面积（平方米）	1B1
		每万人拥有创业服务工作人员数（人）	1B2
		创业服务信息化程度（%）	1B3
		创业促进政策知晓率（%）	1B4

续表

一级指标	二级指标	三级指标	指标代码
结果均等化 （2）	创业服务经济效果（2A）	应届毕业生创业比例（%）	2A1
		每万元创业财政支出新增创业企业数（户）	2A2
		每万元创业财政支出带动就业人数（人）	2A3
		每万元创业财政支出新增创业企业产值（万元）	2A4
	创业服务效能（2B）	软硬件设施齐备程度	2B1
		创业服务高效性	2B2
		创业服务质量	2B3

指标体系由一级、二级和三级指标构成，具体各级指标的说明如表5-12所示：

表5-12　全国省际范围创业基本公共服务均等化指标体系详细说明

指标级数	指标名称	指标说明	计算方法
一级指标	创业服务机会均等化 （1）	创业活动的不确定性和风险性决定了创业结果的不确定性，这一方面说明创业活动需要政府提供一定的优惠政策和便利条件，另一方面也说明创业公共服务应侧重于区域、城乡之间创业政策环境和创业服务方面的机会均等，在此基础上逐渐实现结果均等。创业服务的机会均等化主要包括创业资金扶持和创业服务保障的均等化，使创业需求者能够平等地享有创业政策和创业服务，激发创业动力和活力 创业公共服务机会均等化是创业公共服务均等化的主要内容，是评价创业公共服务的重要标准，也是实现创业公共服务结果均等化的首要前提。区域、城乡创业需求者越是拥有相对平等的资金扶持机会和服务保障机会，越能代表创业公共服务的机会均等化水平	

续表

指标级数	指标名称	指标说明	计算方法
二级指标	创业资金扶持（1A）	创业资金是创业者需要解决的首要问题，创业融资服务是创业公共服务的关键要素。创业资金扶持主要包括小额担保贷款和贴息、创业补贴、大学生创业基金等优惠政策。在该指标的构建上，主要考虑小额担保贷款和创业补贴两方面 创业融资渠道主要来源于金融机构、政府、社会资助以及风险投资机构和非政府组织运作的创业扶持基金。但我国的创业投资机制尚不健全，能通过商业贷款、政府资助等方式获得创业启动资金的创业者较少。创业担保贷款、创业补贴等资金扶持政策可以缓解创业者融资难问题，减轻创业者经济负担。各地区的创业资金扶持力度越均等，代表创业机会均等化程度越高，越有利于实现创业结果均等	
三级指标	创业财政支出占比（1A1）	创业财政支出占比是指各省市当年创业财政支出与当年财政总支出的比值，该指标反映各省市对创业服务的财政支持力度。创业财政支出占比越高，说明省市对创业服务的重视程度和资金保障力度越大，越有利于提升创业公共服务水平。该指标各省市均等化程度越高，说明各省市创业资金扶持力度大致相等	创业财政支出占比＝创业财政支出/地区财政总支出
	小额担保贷款额占地区贷款总额比重（1A2）	小额担保贷款量与地区经济发展水平、创业能力相关，小额担保贷款额占地区贷款总额比重考虑地区金融机构的贷款能力，反映地区政府和金融部门支持创业活动的积极性和主动性，体现金融部门在创业资金支持方面的重要作用。该指标越均等，说明各省市创业资金扶持力度相对均等	小额担保贷款比率＝新增小额担保贷款额/地区金融机构贷款总额

续表

指标级数	指标名称	指标说明	计算方法
三级指标	创业补贴发放金额占财政总支出比重（1A3）	创业补贴发放金额占财政总支出比重反映各省市财政对创业补贴的支持力度。该指标越大，说明财政对创业补贴的支持越大，创业补贴力度越大。该指标越均等，说明各省市创业资金扶持力度相对均等	创业补贴发放金额占财政总支出比重＝创业补贴发放金额/地区财政总支出
二级指标	创业服务保障（1B）	创业服务保障是指通过公共服务机构设施建设、设备配置、人员配备、经费投入、服务流程优化、政策宣传落实等手段提升创业服务质量和水平。创业服务保障反映创业服务资源的投入和分配。创业服务保障越充分，说明地区创业服务资源越丰富。创业服务保障越均等，说明各省市创业者越能公平地享受创业服务 在指标构建上，分别从创业孵化基地、创业服务工作人员、创业服务流程、创业政策信息宣传落实等方面设计相应指标	
三级指标	每万人拥有创业孵化基地面积（1B1）	创业孵化是创业公共服务的重要平台，为创业者提供共享服务空间、经营场地、政策指导、资金申请、咨询策划、项目顾问、人才培养等多类创业服务，为创业起步提供一个良好的创业生态环境和有效载体。每万人拥有创业孵化基地面积是指万人创业孵化基地面积拥有量，反映出对创业者的空间和场地支持。该指标越均等，说明各省市创业场地保障越均等	每万人拥有创业孵化基地面积＝创业孵化基地面积/地区常住人口数

续表

指标级数	指标名称	指标说明	计算方法
三级指标	每万人拥有创业服务工作人员数（1B2）	创业服务工作人员是指基层劳动就业和社会保障服务机构内从事创业服务的工作人员。每万人拥有创业服务工作人员数反映创业服务的人力资源投入，创业服务工作人员配置越充足，地区创业服务工作质量越高。该指标越均等，说明各省市创业服务人力资源保障越均等	每万人拥有创业服务工作人员数＝创业服务工作人员数/地区常住人口数
	创业服务信息化程度（1B3）	创业服务信息化程度是指创业服务业务的在线操作实现程度，反映地区创业服务流程的便捷性和创业服务管理能力。创业服务信息化程度越高，说明创业服务流程越简洁，创业服务效率越高。该指标越均等，说明各区域或各区县的创业服务管理能力越均等	创业服务信息化程度＝已经实现网上操作的创业服务业务数/可以网上操作的创业服务业务数
	创业促进政策知晓率（1B4）	创业促进政策知晓率是指创业者对创业政策的及时、全面了解程度。该指标反映地区创业政策的宣传力度，创业促进政策知晓率越高，说明创业政策宣传工作开展越充分，有利于创业者及时掌握创业信息，增强市场反应能力。该指标越均等，说明各省市创业政策宣传力度相对均等，有利于实现创业机会均等化	该指标通过问卷调查获取

续表

指标级数	指标名称	指标说明	计算方法
一级指标	结果均等化（2）	创业公共服务的结果均等化是指创业公共服务的财力、物力、人力等资源投入产出情况和创业政策的制定实施效果在不同区域、不同群体中的相对均等，主要体现在创业服务的经济效果和创业服务的效能两个方面 创业公共服务结果均等化是机会均等化的目标，是衡量创业公共服务质量的有效标准。创业服务的结果均等化反映出地区创业服务的质量和效率，也侧面反映出创业服务的机会均等化程度。结果均等化水平越高，说明创业服务的资源投入、创业政策的实施效果和创业服务的质量水平相对均等	
二级指标	创业服务经济效果（2A）	创业服务经济效果是创业政策实施和创业服务资源投入的直接效果，体现在新增创业人数、新增创业企业、创业新增产值等方面，反映创业政策实施和创业服务资源投入的收益 创业服务经济效果是评价创业公共服务质量的主要标准，是调配创业资源投入、调整创业政策的现实依据。创业服务经济效果越是相对均等，说明各省市拥有大致相同的创业资源使用效率和创业政策实施能力	

续表

指标级数	指标名称	指标说明	计算方法
三级指标	应届毕业生创业比例（2A1）	应届毕业生创业比例是指各省市应届毕业生自主创业人数与应届毕业生总人数的比值。该指标反映各省市大学生创业创新政策的实施效果，也反映大学生自主创业创新意识。应届毕业生创业比例越高，说明创新创业环境越好，大学生创业创新政策实施效果越好，大学生自主创业热情越高。各省市应届毕业生创业比例越均等，说明创业政策环境越公平，创业带动就业能力大致相当	应届毕业生创业比例 = 应届毕业生自主创业人数/应届毕业生人数
	每万元创业财政支出新增创业企业数（2A2）	每万元创业财政支出新增创业企业数是指当年新增创业企业数与创业服务财政支出之比。该指标反映创业财政支出在新增创业企业方面的经济效果，该指标数值越高，说明创业财政支出使用效率越高。该指标越均等，说明各省市创业财政资金使用效率和经济效果大致相等	每万元创业财政支出新增创业企业数 = 新增创业企业数/创业服务财政支出
	每万元创业财政支出带动就业人数（2A3）	每万元创业财政支出带动就业人数是指新增创业企业带动或吸纳的就业人数与创业财政支出之比。该指标反映创业财政支出在带动就业方面的经济效果，该指标数值越大，说明创业带动就业效果越明显，创业财政支出使用效率越高。该指标越均等，说明各省市创业财政资金使用效率和经济效果大致相等	每万元创业财政支出带动就业人数 = 新增创业企业带动或吸纳的就业人数/创业服务财政支出

续表

指标级数	指标名称	指标说明	计算方法
三级指标	每万元创业财政支出新增创业企业产值（2A4）	每万元创业财政支出新增创业企业产值是指新增创业企业创造的产值与创业服务财政支出的比值。该指标反映创业财政支出在新增产值方面的经济效果，该指标数值越大，说明创业企业产值越高，经济贡献越大。该指标越均等，说明各省市创业财政支出的使用效率和经济效果大致相等	每万元创业财政支出新增创业企业产值＝新增创业企业创造的产值/创业服务财政支出
二级指标	创业服务效能（2B）	创业服务效能是指提供创业服务的各部门、人员在职能职责履行、办事效率、服务质量方面的效果。该指标是反映创业服务效果的主观指标，反映创业服务对象对创业政策和创业服务的满意度和获得感，体现创业公共服务的质量水平 创业服务效能是创业政策发挥作用的有利因素，是创业服务结果均等化的重要体现。创业服务效能越高，越有利于创业政策的宣传落实和受服务对象的权益保障。该指标由软硬件设施齐备程度、创业服务高效性和创业服务质量构成	
三级指标	软硬件设施齐备程度（2B1）	软硬件设施齐备程度是指创业公共服务机构服务受理、咨询接待、自助服务、休息等区域的配套设施设备完备程度，反映服务对象对软硬件设施完备程度的主观感受，便于创业服务设施建设和设备配置。该指标满意度越高，说明创业公共服务设施设备建设水平越高。该指标越是相对均等，说明各省市软硬件设施标准化建设水平越高	该指标通过问卷调查获取

续表

指标级数	指标名称	指标说明	计算方法
三级指标	创业服务高效性（2B2）	创业服务高效性是指创业服务事项办理流程、审批程序等的便捷性和高效性，反映服务对象对创业服务高效性、办理程序便捷性的主观感受，便于提升创业服务质量。该指标满意度越高，说明创业公共服务水平越高。该指标越是相对均等，说明各省市创业服务规范化水平越高	该指标通过问卷调查获取
	创业服务质量（2B3）	创业服务质量是指创业服务工作人员的业务办理态度，反映受服务对象在享受权利、接受服务方面的获得感和公平感等，便于提升创业服务机构和创业服务人员的整体形象。该指标满意度越高，说明创业服务质量越高。该指标越是相对均等，说明各省市创业服务规范化水平越高	该指标通过问卷调查获取

5.6 人才服务基本公共服务均等化指标体系

人才服务基本公共服务均等化指标体系由适用于重庆市市域范围的比较和适用于全国省际范围的比较两个版本构成，其指标体系及说明如下：

5.6.1 重庆市市域范围人才服务基本公共服务均等化评价指标体系

为对重庆市市域范围内各区县人社领域人才服务基本公共服务均等化进行评价，构建如表5-13所示指标体系。

表5-13 重庆市市域范围人才服务基本公共服务均等化评价指标体系

一级指标	二级指标	三级指标	指标代码
机会均等化(1)	人才吸引宣传力度(1A)	人才服务信息化程度(%)	1A1
		人才服务过程中使用的网络平台数(个)	1A2
		人才吸引政策知晓率(%)	1A3
		人才招聘说明会举办次数(次)	1A4
	人才服务资源投入支持力度(1B)	人才工作专项经费占财政总支出的比重(%)	1B1
		每万人人力资源服务中介机构数(个)	1B2
		每万人人力资源服务中介机构从业人员数(人)	1B3
		人才服务专员数配比(%)	1B4
	人才发展机会(1C)	每亿元 GDP 研发机构当量	1C1
		高级研修项目学员年均人数(人)	1C2
		基层事业单位招录人员中女性占比(%)	1C3
		基层事业单位招录人员中农村户籍人口占比(%)	1C4
结果均等化(2)	人才质量均等(2A)	硕士及以上学历人才占比(%)	2A1
		每万人专利申请数(个)	2A2
		每万就业人口中的技能型人才当量数	2A3
		每万就业人口中的专业技术人才当量数	2A4
	专业技术型人才结构均等(2B)	中青年专业技术人才占比(%)	2B5
		中高级技术人才占比(%)	2B6
		外国专家占比(%)	2B7
		事业单位中专业技术人才占比(%)	2B8
		公有经济企业中专业技术人才占比(%)	2B9
	技能型人才结构均等(2C)	中青年技能型人才当量占比(%)	2C1
		高技能人才占比(%)	2C2
		公有经济企业中技能型人才占比(%)	2C3
	人才服务效能(2D)	软硬件设施齐备程度	2D1
		人才服务高效性	2D2
		人才服务质量	2D3

指标体系由一级、二级和三级指标构成,具体各级指标的说明如表5-14所示:

表 5-14　重庆市市域范围人才服务基本公共服务均等化指标体系详细说明

指标级数	指标名称	指标说明	计算方法
一级指标	人才服务机会均等化（1）	人才是地区经济社会发展重要的智力支撑，人才服务指人社部门坚持党管人才原则，充分发挥政府人才综合管理职能作用，深入实施人才优先发展战略，实施更积极、更开放、更有效的人才政策，进行更充足、更高效、更有力的资源投入，为人才发展提供更广阔、更公平、更长远的发展平台和发展机会 人才服务机会均等为人才吸引、人才选拔、人才培养和人才发展提供了公平、开放、有效的服务环境，有利于构建“政府引导、企业主体、市场化运作”的引才机制，有利于畅通人才流动渠道，铸就高质量的人才队伍。人才服务均等化主要涉及人才吸引宣传力度、人才服务资源投入支持力度、人才发展机会三个方面的均等化	
二级指标	人才吸引宣传力度（1A）	人才吸引宣传指人社部门紧紧围绕人才吸引服务工作，大力建设人才服务平台，加强人才工作宣传，形成线上与线下相结合的人才吸引宣传格局 人才吸引宣传主要涉及人才服务信息化程度、人才服务过程中使用的网络平台数、人才吸引政策知晓率、人才招聘说明会举办次数等方面。人才宣传力度越大，越有利于营造尊重人才，见贤思齐的社会环境，有利于营造公开平等、竞争择优的制度环境。各地区人才吸引均等化水平越高，越有利于实现人才服务机会均等化	

续表

指标级数	指标名称	指标说明	计算方法
三级指标	人才服务信息化程度（1A1）	人才服务信息化指利用现代信息技术，开发信息资源，把先进技术、管理理念引入到人才服务工作中，促进人才服务工作现代化。通过利用信息化高速准确的特点，极大地减少了人才服务工作的随意性和主观性，提高了工作效率，扎实地推动了人才队伍建设	人才服务信息化程度＝已经实现网上操作的人才服务业务数/可以网上操作的人才服务业务数
	人才服务过程中使用的网络平台数（1A2）	各区县在人才服务工作中，对公众开放的官方微信、QQ、微博、人才信息网站等网络平台个数。人才服务过程中运用的网络平台数越多，表明各区县人才服务信息化程度越高，人才信息传播渠道越丰富，人才吸引宣传工作力度越大。各地区人才服务过程中使用的网络平台数越均等，表明区县间人才吸引宣传力度差距越小	各区县人才服务相关的官方微信、QQ、微博、人才信息网站等网络平台个数之和
	人才吸引政策知晓率（1A3）	人才政策知晓率指人才吸引政策的实际知晓人数与应知晓人数之比。人才吸引政策知晓率越高，表明人才吸引宣传力度越大，人才吸引宣传效果越好。各地区人才吸引政策知晓率越相近，越有利于实现人才吸引宣传力度均等化	该指标结果通过专项问卷调查获取
	人才招聘说明会举办次数（1A4）	由地区政府组织的在世界各地及全国各地举办人才招聘会次数（不包含企业自行组织的招聘会）。人才招聘会为用人单位和人才之间双向选择提供交流洽谈场所和相关服务。各区县人才招聘说明会举办次数越多，表明各区县人社部门在人才吸引方面宣传力度越大	近三年地区人社部门在世界及全国各地举办的人才招聘次数之和

续表

指标级数	指标名称	指标说明	计算方法
二级指标	人才服务资源投入支持力度（1B）	人才服务资源投入是有效人才服务的根本保障。人才服务资源投入指人社部门投入到人才服务中的人力资源、物力资源、财力资源等公共资源。人才服务资源投入均等化指标主要包括人才工作专项经费占财政总支出的比重、每万人人力资源服务中介机构数、每万人人力资源服务中介机构从业人员数、人才服务专员数配比 均等的资源投入是人才服务机会均等化的重要条件。人才服务资源投入均等化水平越高，越有利于各区县实现人才服务机会均等化	
三级指标	人才工作专项经费占财政总支出的比重（1B1）	人才工作专项经费指人社部门用于人才培养、人才及智力引进、人才交流合作、科研资助、人才评选及奖励等相关人才工作及人才队伍建设的专项经费。各区县人才工作专项经费占财政总支出的比重越均等，各区县人才服务资源投入越均等	人才工作专项经费占财政总支出的比重＝人才工作专项经费/财政总支出
	每万人人力资源服务中介机构数（1B2）	人力资源服务中介机构指由省厅人力资源和社会保障部门核实批准相关人力资源服务申请后，颁发《人力资源服务许可证》，进行人力资源服务营业的企业。人力资源中介机构为人才和企业承担了大量专业的人才服务工作，为地方人才服务提供了较大的便利。每万人拥有的人力资源服务中介机构越均等，表明各区县在人才服务方面资源投入越均等	每万人人力资源服务中介机构数＝人力资源服务中介机构数/人才总数

续表

指标级数	指标名称	指标说明	计算方法
三级指标	每万人人力资源服务中介机构从业人员数（1B3）	人力资源服务中介机构从业人员指就业于由政府或市场兴办的人力资源服务中介机构的工作人员。人力资源服务中介机构从业人员为地方人才服务工作提供了重要的人力资源保障。地方每万人拥有的人力资源服务中介机构从业人员数越均等，表明各区县人才服务人力资源投入越均等	每万人人力资源服务中介机构从业人员数＝人力资源服务中介机构从业人员数/人才总数
	人才服务专员数配比（1B4）	人才服务专员指具有机关事业编制的人才服务工作人员。人才服务专员数配比反映人才服务的人力资源供需平衡与否。各区县人才服务专员数配比差距越小，表明各地区公共组织人力资源投入供需均等化水平越高	人才服务专员数配比＝人才服务专员数/人才总数
二级指标	人才发展机会（1C）	人才发展机会指人社部门为人才的知识、技能的提升提供高质量的发展平台、发展项目。人才发展机会均等化指这些发展项目、发展平台应该没有性别、城乡、区域之分，男女之间、城乡之间、区域之间无差异机会均等。人才发展机会均等化主要指每亿元 GDP 研发机构当量、高级研修项目学员年均人数、基层事业单位招录人员中女性占比、基层事业单位招录人员中农村户籍人口占比。人才发展机会均等是人才服务机会均等化的重要保障	
三级指标	每亿元 GDP 研发机构当量（1C1）	研发机构是指在地区内设立的独立或非独立的具有自主研发能力的技术创新组织载体。地区研发机构是地区技术创新的基础平台，是全面提高自主创新能力的中坚力量。各地区研发机构当量越均等，表明各区县自主创新平台越均等，有利于实现各区县人才服务发展机会均等化	每亿元 GDP 研发机构当量＝（中央部门所属研究与开发机构数×5＋省级及以下研究与开发机构数×1）/GDP

续表

指标级数	指标名称	指标说明	计算方法
三级指标	高级研修项目学员年均人数（1C2）	高级研修项目是培养造就高素质专业技术人才队伍的重要平台，是提升专业技术人才能力的重要抓手，对于加强我国专业技术人才队伍建设，推动经济社会发展和科技创新具有重要意义。各区县高级研修项目学员人数越均等，表明各区县人才发展平台越均等，越有利于实现各区县人才服务机会均等化	高级研修项目学员年均人数＝近三年参加项目学习总人数的年平均数
	基层事业单位招录人员中女性占比（1C3）	不同性别人才就业机会均等应当是人才服务机会均等的重要考量。各区县基层事业单位招录人员女性占比均等，表明不同性别人才发展机会在各区县基本均等	基层事业单位招录人员中女性占比＝基层事业单位招录人员中女性人数/基层事业单位招录人员总数
	基层事业单位招录人员中农村户籍人口占比（1C4）	城乡不平等是公共服务不均等的主要表现。在基层事业单位招录人员中，农村户籍人员占比越大，表明该地区城乡人才发展机会越均等	基层事业单位招录人员中农村户籍人口占比（%）＝基层事业单位招录人员中农村户籍人数/基层事业单位招录人员总数
一级指标	人才服务结果均等化（2）	人才服务结果指以各高层次人才和高技能人才为重点，建设规模宏大、结构合理、素质优良、富有创新精神的人才队伍，主要指各区县人才质量均等、专业技术型人才结构均等、技能型人才结构均等、人才服务效能大致均等 人才服务结果均等化是实现公共服务均等化重要的人力资源支撑。合理的人才结构、高水平的人才质量为地区科技创新、技术进步和经济社会发展提供人才智力支撑	

续表

指标级数	指标名称	指标说明	计算方法
二级指标	人才质量均等(2A)	人才质量指人才创新能力、学历、职称、技能等级等按系数进行折算的人才素质等效标准的量。高质量的人才队伍是各地区经济社会发展的重要人力资源保障 人才质量主要由硕士及以上学历人才占比、每万人专利申请数、每万就业人口中的技能型人才当量数、每万就业人口中的专业技术人才当量数4个关键指标组成。人才质量均等化水平越高,各地区人才服务结果越均等	
三级指标	硕士及以上学历人才占比(2A1)	硕士及以上学历人才占比指学历为硕士及硕士以上的人才占本地区常住人口之比。硕士及以上学历人才是研发创新人才的主力军,硕士及以上学历人才占比越高,地区创新潜力越大,人才质量越高。各地区该指标越相近,人才质量越均等,地区创新潜力越均等	硕士及以上学历人才占比=硕士以上学历人数/地区常住人口数
	每万人专利申请数(2A2)	专利申请是获得专利权的必须程序。每万人专利申请数是衡量一个国家或地区创新积极性的重要指标。地区每万人专利申请数越多,表明地区创新创造活力越强,地区创新人才质量越高。各地区每万人专利申请数越均等,表明地区间创新创造活力越均等,人才质量越均等	每万人专利申请数=专利申请数量/人才总数
	每万就业人口中的技能型人才当量数(2A3)	技能人才是指掌握专门知识和技术,并在工作实践中能够运用自己的技术和能力进行实际操作的人员。他们是人才队伍的组成部分,是技术人员队伍的骨干。技能型人才分为一级、二级、三级、四级、五级 技能型人才当量数是对技能等级按照一定系数进行折算的综合指标。每万就业人口中的技能型人才当量数越大,表明该地区技术人才队伍质量越高。各地区每万就业人口中的技能型人才当量数差距越小,表明各地区技术人才队伍质量越均等	每万就业人口中的技能型人才当量数=技能型人才当量数/就业人口数[当量计算公式:一级×2+二级×1.5+三级×1+(四级+五级)×0.5]

续表

指标级数	指标名称	指标说明	计算方法
三级指标	每万就业人口中的专业技术人才当量数（2A4）	专业技术人员指依照国家人才法律法规，经过国家人事部门全国统考合格，考取了国家执行资格并具有专业技术执业证书的人员。专业技术人才是我国技术人才队伍的组成部分，是技术人才的骨干 专业技术人才当量数是对专业技术人才职称等级按照一定系数进行折算的综合指标。每万就业人口中的专业技术人才当量数越大，表明该地区技术人才队伍质量越高。各地区每万就业人口中的专业技术人才当量数差距越小，表明各地区技术人才队伍质量越均等	每万就业人口中的专业技术人才当量数=专业技术人才当量数/就业人口数[当量计算公式：初级技术人员数×0.5+中级技术人员数×1+高级技术人员数×1.5]
二级指标	专业技术型人才结构均等（2B）	专业技术型人才队伍中，年龄结构、层次结构、中外专家配比等方面应有合理的比例。结构合理、梯级递进的专业技术型人才结构有利于激发人才队伍创新创造活力，提升人才队伍整体效能 各地区专业型人才结构越均等，越有利于实现地区间人才服务结果均等化	
三级指标	中青年专业技术人才占比（2B1）	中青年专业技术人才是技术人才队伍中富有创造性的群体，是人才队伍中的骨干也是后备人才，是不可被忽视的一支力量。中青年专业技术人才占比越多，表明地区创造能力越强，人才储备越充足。地区间中青年专业技术人才占比越均等，表明各地区专业技术人才结构越均等	中青年专业技术人才占比=中青年专业技术人才当量数/专业技术人员当量数
	中高级专业技术人才占比（2B2）	中高级专业技术人才指专业技术职称为中级及以上职称的人才。中高级专业技术人才是专业技术人才队伍的骨干和精英。各地区中高级专业技术人才占比差距越小，表明地区间专业技术人才结构越均等	中高级技术人才占比=中高级技术人员数/技术人员总数

续表

指标级数	指标名称	指标说明	计算方法
三级指标	外国专家占比（2B3）	外国专家是高层次人才中的稀缺人才。外国专家占比越高，表明人才队伍国际化程度越高，人才队伍创新潜力越大。各地区外国专家占比越均等，表明地区间专业技术人才结果均等化差距越小	外国专家占比＝外国专家人数/人才总数
	事业单位中专业技术人才占比（2B4）	事业单位是公共服务的重要载体之一。事业单位中专业技术人才占比越高，既表明事业人才发展环境得到不断改观，事业单位人才队伍结构不断优化，又表明该地区事业单位可以提供更多更好的公共服务。各地区事业单位中专业技术人才占比越均等，表明地区间事业单位人才队伍结构越均等	事业单位中专业技术人才占比＝事业单位中专业技术人员当量数/事业单位人员数
	公有经济企业中专业技术人才占比（2B5）	公有经济企业指国有经济企业、集体经济企业以及混合所有制经济中企业。公有经济在我国经济中占主体地位，公有经济企业中专业技术人才占比越高，表明公有制经济企业人才结构越合理，越有利于公有经济企业可持续发展。各地区公有经济企业中专业技术人才占比越均等，表明地区间公有经济企业中人才队伍结构越均等	公有经济企业中专业技术人才占比＝公有经济企业中专业技术人员当量数/公有经济企业人员总数
二级指标	技能型人才结构均等（2C）	结构合理、梯级递进的技能型人才结构有利于激发人才队伍创新创造活力，提升人才队伍整体效能 各地区技能型人才结构越均等，越有利于实现地区间人才服务结果均等化	
三级指标	中青年技能型人才当量占比（2C1）	中青年技能型人才是技能型人才队伍中富有创造性的群体，是人才队伍中的骨干也是后备人才。中青年技能型人才占比越多，表明地区创造能力越强，人才储备越充足。地区间中青年技能型人才占比越均等，表明各地区技能型人才结构越均等	中青年技能型人才当量占比＝中青年技能型人才当量数/技能型人才当量数

续表

指标级数	指标名称	指标说明	计算方法
三级指标	高技能人才占比（2C2）	高技能人才指技能等级为一级、二级、三级的人才。高技能人才是技能型人才队伍的骨干和精英。各地区高技能人才占比差距越小，表明地区间技能型人才结构越均等	高技能人才占比＝高技能人才数/技能型人才总数（注：高技能人才指一级、二级和三级技能人才）
	公有经济企业中技能型人才占比（2C3）	公有经济在我国经济中占主体地位，公有经济企业中技能型人才占比越合理，表明公有制经济企业人才结构越合理，越有利于公有经济企业可持续发展。各地区公有经济企业中技能型人才占比越均等，表明地区间公有经济企业中人才队伍结构越均等	公有经济企业中技能型人才占比＝公有经济企业中技能型人才当量数/公有经济企业人员总数
二级指标	人才服务效能（2D）	人才服务效能是指人才服务相关部门和职员在提供人才服务时的办事效率、效果和工作的职责能力等。该指标能更好地从主观上反映人才服务的质量，以及受服务对象在享受相关权利方面的获得感，有利于建设更高质量的人才队伍。该指标主要包括软硬件设施、人才服务的高效性和人才服务质量等	
三级指标	软硬件设施齐备程度（2D1）	该指标主要考察人才服务的软硬件设施的完备程度。该指标的回馈程度越好，说明人才服务的软硬件设施设备配备越令人满意	该指标主要通过问卷调查获取
	人才服务高效性（2D2）	该指标主要考察人才服务的高效性、办理程序的便捷性等。该指标的回馈程度越好，说明人才服务的效率越高	该指标主要通过问卷调查获取
	人才服务质量（2D3）	该指标主要考察人才保障服务人员的态度，受服务对象在享受权利方面的获得感和公平感等。该指标的回馈程度越好，说明人才服务的质量越好	该指标主要通过问卷调查获取

5.6.2 全国省际范围人才服务基本公共服务均等化评价指标体系

为对全国省际范围内各省市人社领域人才服务基本公共服务均等化进行评价，构建如表5-15所示指标体系。

表5-15 全国省际范围人才服务基本公共服务均等化评价指标体系

一级指标	二级指标	三级指标	指标代码
机会均等化（1）	人才吸引宣传力度（1A）	人才吸引政策知晓率（%）	1A1
		人才服务信息化程度（%）	1A2
	人才服务资源投入支持力度（1B）	人才工作总支出占财政总支出的比例（%）	1B1
		每万人人力资源服务中介机构数（个）	1B2
		人才服务专员数配比（%）	1B3
	人才发展机会（1C）	近三年高级研修项目学员年均人数（人）	1C1
		每亿元GDP研发机构当量	1C2
		每万人拥有的继续教育基地当量数（个）	1C3
结果均等化（2）	人才质量均等（2A）	人才贡献率	2A1
		每万人专利申请数（个）	2A2
		每万就业人口中的技能型人才当量数	2A3
		每万就业人口中的专业技术人才当量数	2A4
	人才结构均等（2B）	中高级技术人才占比（%）	2B1
		高技能人才占比（%）	2B2
		公有经济企业中技能型人才占比（%）	2B3
	人才服务效能（2C）	软硬件设施齐备程度	2C1
		人才服务高效性	2C2
		人才服务质量	2C3

指标体系由一级、二级和三级指标构成，具体各级指标的说明如表5-16所示：

表 5-16　全国省际范围人才服务基本公共服务均等化指标体系详细说明

指标级数	指标名称	指标说明	计算方法
一级指标	人才服务机会均等化（1）	人才服务机会均等为人才吸引、人才选拔、人才培养和人才发展提供了公平、开放、有效的服务环境，有利于构建“政府引导、企业主体、市场化运作”的引才机制，有利于畅通人才流动渠道，铸就高质量的人才队伍。人才服务均等化主要涉及人才吸引宣传力度、人才服务资源投入支持力度、人才发展机会三个方面的均等化	
二级指标	人才吸引宣传力度（1A）	人才吸引宣传指人社部门紧紧围绕人才吸引服务工作，大力建设人才服务平台，加强人才工作宣传，形成线上与线下相结合的人才吸引宣传格局 人才吸引宣传主要涉及人才服务信息化程度、人才服务过程中使用的网络平台数、人才吸引政策知晓率、人才招聘说明会举办次数等方面。人才宣传力度越大，越有利于营造尊重人才，见贤思齐的社会环境，有利于营造公开平等、竞争择优的制度环境。各地区人才吸引均等化水平越高，越有利于实现人才服务机会均等化	
三级指标	人才吸引政策知晓率（1A1）	人才吸引政策知晓率指人才吸引政策的实际知晓人数与应知晓人数之比。人才吸引政策知晓率越高，表明人才吸引宣传力度越大，人才吸引宣传效果越好。省际人才吸引政策知晓率差距越小，表明地区间人才服务吸引宣传力度越均等	该指标结果通过专项问卷调查获取
	人才服务信息化程度（1A2）	人才服务信息化指利用现代信息技术，开发信息资源，把先进技术、管理理念引入到人才服务工作中，促进人才服务工作现代化。通过利用信息化高速准确的特点，极大地减少了人才服务工作的随意性和主观性，提高了工作效率，扎实推动了人才队伍建设。省际人才服务信息化程度差距越小，越有利于实现人才服务机会均等化	人才服务信息化程度＝已经实现网上操作的人才服务业务数/可以网上操作的人才服务业务数

续表

指标级数	指标名称	指标说明	计算方法
二级指标	人才服务资源投入支持力度（1B）	人才服务资源投入是有效人才服务的根本保障。人才服务资源投入指人社部门投入到人才服务中的人力资源、物力资源、财力资源等公共资源。人才服务资源投入均等化主要包括人才工作专项经费占财政总支出的比重、每万人人力资源服务中介机构数、人才服务专员数配比 均等的资源投入是人才服务机会均等化的重要条件。人才服务资源投入均等化水平越高，越有利于各省（市）实现人才服务机会均等化	
三级指标	人才工作总支出占财政总支出的比例（1B1）	人才工作总支出指人社部门用于人才选拔、人才培养、人才及智力引进、人才交流合作、科研资助、人才评选及奖励等相关人才工作及人才队伍建设的总经费。各省（市）人才工作总支出占财政总支出比重差异越小，则省际人才服务资源投入越均等	人才工作总支出占财政总支出的比例=人才工作总支出/财政总支出
	每万人人力资源服务中介机构数（1B2）	人力资源服务中介机构指由省厅人力资源和社会保障部门核实批准相关人力资源服务申请后，颁发《人力资源服务许可证》，进行人力资源服务营业的企业。人力资源中介机构为人才和企业承担了大量专业的人才服务工作，为地方人才服务提供了巨大的便利。每万人拥有的人力资源服务中介机构越均等，表明各省（市）人才服务资源投入越均等	每万人人力资源服务中介机构数=人力资源服务中介机构数/人才总数
	人才服务专员数配比（1B3）	人才服务专员指具有机关事业编制的人才服务工作人员。人才服务专员数配比反映人才服务的人力资源供需是否平衡。各区县人才服务专员数配比差距越小，表明各省（市）公共组织人力资源投入均等化水平越高	人才服务专员数配比=人才服务专员数/人才总数

续表

指标级数	指标名称	指标说明	计算方法
二级指标	人才发展机会（1C）	人才发展机会指人社部门为人才的知识、技能的提升提供高质量的发展平台、发展项目。人才发展机会均等化指这些发展项目、发展平台应该没有性别、城乡、区域之分，男女之间、城乡之间、区域之间无差异机会均等。人才发展机会均等化主要指每亿元 GDP 研发机构当量、高级研修项目学员年均人数、每万人拥有的继续教育基地当量数。人才发展机会均等是人才服务机会均等化的重要保障	
三级指标	近三年高级研修项目学员年均人数（1C1）	高级研修项目是培养造就高素质专业技术人才队伍的重要平台，是提升专业技术人才能力的重要抓手，对于加强我国专业技术人才队伍建设，推动经济社会发展和科技创新具有重要意义。省际高级研修项目学员人数越均等，表明各省（市）人才发展平台越均等，越有利于实现各地区人才服务机会均等化	高级研修项目学员年均人数 = 近三年参加项目学习总人数的年平均数
	每亿元 GDP 研发机构当量（1C2）	研发机构是指在地区内设立的独立或非独立的具有自主研发能力的技术创新组织载体。地区研发机构是地区技术创新的基础平台，是全面提高自主创新能力的中坚力量。各地区研发机构当量越均等，表明各省（市）自主创新平台越均等，有利于实现省际人才服务发展机会均等化	每亿元 GDP 研发机构当量 =（中央部门所属研究与开发机构数 ×5 + 省级及以下研究与开发机构数 ×1）/GDP
	每万人拥有的继续教育基地当量数（1C3）	继续教育是对专业技术人员的知识和技能进行更新、补充、拓展和提高，以进一步完善其知识结构、提高其创造力的专项教育，继续教育基地是专业技术人员队伍人力资源开发的主要途径和专业技术人员队伍建设的重要平台。继续教育基地当量数是对基地级别按照一定系数进行折算的综合指标。各省（市）每万人拥有的继续教育基地当量数差距越小，越有利于实现省际人才发展机会均等化	每万人拥有的继续教育基地当量数 = 继续教育基地当量数/人才总数（当量计算公式：国家级 ×1.5 + 省级 ×1 + 省级以下 ×0.5）

续表

指标级数	指标名称	指标说明	计算方法
一级指标	人才服务结果均等化（2）	人才服务结果指以各高层次人才和高技能人才为重点，建设规模宏大、结构合理、素质优良、富有创新精神的人才队伍，主要指各省区人才质量均等、专业技术型人才结构均等、技能型人才结构均等、人才服务效能大致均等 人才服务结果均等化是实现公共服务均等化重要的人力资源支撑。合理的人才结构、高水平的人才质量为地区科技创新、技术进步和经济社会发展提供人才智力支撑	
二级指标	人才质量均等（2A）	人才质量指人才创新能力、学历、职称、技能等级等按系数进行折算的人才素质等效标准的量。高质量的人才队伍是各地区经济社会发展的重要人力资源保障 人才质量主要由人才贡献率、每万人专利申请数、每万就业人口中的技能型人才当量数、每万就业人口中的专业技术人才当量数四个关键指标组成。人才质量均等化水平越高，各地区人才服务结果越均等	
三级指标	人才贡献率（2A1）	人才贡献率即人才产出量与投入量之比，或所得量与所费量之比。人才贡献率是分析人才经济效益的一个指标。它反映该地区人才对经济发展的贡献，是一个国家或地区人才发展的主要指标。人才贡献率越大，表明人力资本因素质效越高。省际人才贡献率差距越小，越有利于实现各地区人才质量均等化	查阅相关统计资料
	每万人专利申请数（2A2）	每万人专利申请数是衡量一个国家或地区创新积极性的重要指标。地区每万人专利申请数越多，表明地区创新创造活力越强，地区创新人才质量越高。各地区每万人专利申请数越均等，表明地区间创新创造活力越均等，人才质量越均等	每万人专利申请数＝专利申请数量/人才总数

续表

指标级数	指标名称	指标说明	计算方法
三级指标	每万就业人口中的技能型人才当量数(2A3)	技能人才是指掌握专门知识和技术,并在工作实践中能够运用自己的技术和能力进行实际操作的人员。他们是人才队伍的组成部分,是技术人员队伍的骨干。技能型人才分为一级、二级、三级、四级、五级 技能型人才当量数是对技能等级按照一定系数进行折算的综合指标。每万就业人口中的技能型人才当量数越大,表明该地区技术人才队伍质量越高。各地区每万就业人口中的技能型人才当量数差距越小,表明各地区技术人才队伍质量越均等	每万就业人口中的技能型人才当量数=技能型人才当量数/就业人口数[当量计算公式:一级×2+二级×1.5+三级×1+(四级+五级)×0.5]
	每万就业人口中的专业技术人才当量数(2A4)	专业技术人员指依照国家法律法规,经过国家人事部门全国统考合格,考取了国家执业资格并具有专业技术执业证书的人员。专业技术人才是我国技术人才队伍的组成部分,是技术人才的骨干 专业技术人才当量数是对专业技术人才职称等级按照一定系数进行折算的综合指标。每万就业人口中的专业技术人才当量数越大,表明该地区技术人才队伍质量越高。各地区每万就业人口中的专业技术人才当量数差距越小,表明各地区技术人才队伍质量越均等	每万就业人口中的专业技术人才当量数=专业技术人才当量数/就业人口数[当量计算公式:初级技术人员数×0.5+中级技术人员数×1+高级技术人员数×1.5]
二级指标	人才结构均等(2B)	人才队伍中,专业技术型人才和技能型人才、初中高职称人才应有合理的比例搭配。结构合理、梯级递进的人才结构有利于激发人才队伍创新创造活力,提升人才队伍整体效能 各地区人才结构越均等,越有利于实现地区间人才服务结果均等化	
三级指标	中高级专业技术人才占比(2B1)	中高级专业技术人才指专业技术职称为中级及以上职称的人才。中高级专业技术人才是专业技术人才队伍的骨干和精英。各地区中高级专业技术人才占比差距越小,表明地区间专业技术人才结构越均等	中高级技术人才占比=中高级技术人员数/技术人员总数

续表

指标级数	指标名称	指标说明	计算方法
三级指标	高技能人才占比（2B2）	高技能人才指技能等级为一级、二级、三级的人才。高技能人才是技能型人才队伍的骨干和精英。各地区高技能人才占比差距越小，表明地区间技能型人才结构越均等	高技能人才占比＝高技能人才数/技能型人才总数
	公有经济企业中技能型人才占比（2B3）	公有经济在我国经济中占主体地位，公有经济企业中技能型人才占比越合理，表明公有制经济企业人才结构越合理，越有利于公有经济企业可持续发展。各地区公有经济企业中技能型人才占比越均等，表明地区间公有经济企业中人才队伍结构越均等	公有经济企业中技能型人才占比＝公有经济企业中技能型人才当量数/公有经济企业人员总数
二级指标	人才服务效能（2C）	人才服务效能是指人才服务相关部门和职员在提供人才服务时的办事效率、效果和工作能力等。该指标从主观上反映人才服务的效果，以及受服务对象在享受相关权利方面的获得感，有利于建设更高质量的人才服务队伍。该指标主要包括软硬件设施齐备程度、人才服务高效性和人才服务质量等	
三级指标	软硬件设施齐备程度（2C1）	该指标主要考察人才服务的软硬件设施的完备程度。该指标的满意度越高，说明人才服务的软硬件设施配备越令人满意	该指标主要通过问卷调查获取
	人才服务高效性（2C2）	该指标主要考察人才服务的高效性、办理程序的便捷性等。该指标的满意度越高，说明人才服务的效率越高	该指标主要通过问卷调查获取
	人才服务质量（2C3）	该指标主要考察人才保障服务人员的态度，受服务对象在享受权利方面的获得感和公平感等。该指标的满意度越高，说明人才服务的质量越好	该指标主要通过问卷调查获取

5.7 劳动保障基本公共服务均等化指标体系

劳动保障基本公共服务均等化指标体系由适用于重庆市市域范围的比较和适用于全国省际范围的比较两个版本构成,其指标体系及说明如下:

5.7.1 重庆市市域范围劳动保障基本公共服务均等化评价指标体系

为对重庆市市域范围内各区县人社领域劳动保障基本公共服务均等化进行评价,构建如表5-17所示指标体系。

表5-17 重庆市市域范围劳动保障基本公共服务均等化评价指标体系

一级指标	二级指标	三级指标	指标代码
机会均等化(1)	劳动保障服务(1A)	劳动保障政策知晓率(%)	1A1
		劳动保障服务信息化程度(%)	1A2
		劳动保障服务过程中使用的网络平台数(个)	1A3
	劳动保障人员资金保障(1B)	每万人劳动人事争议仲裁员数(人)	1B1
		劳动人事争议仲裁机构人均结案数(件)	1B2
		每万人劳动保障监察专职人员数(人)	1B3
		劳动保障监察机构人均结案数(件)	1B4
		每万人劳动保障监察本级公共财政投入金额(万元)	1B5
		每亿元GDP劳动保障监察机构专职人员数(人)	1B6
	劳动保障机制(1C)	规模以上企业中建立了职工代表大会的比例(%)	1C1
		规模以上企业中工会会员数的比例(%)	1C2
		企业集体合同签订率(%)	1C3
结果均等化(2)	劳动人事争议仲裁方面(2A)	劳动人事争议仲裁案件审限内结案率(%)	2A1
		劳动人事争议仲裁受理案件中非公经济成分占比(%)	2A2
		劳动人事争议仲裁案件起诉率(%)	2A3
		每亿元GDP劳动人事争议仲裁案件受理数(件)	2A4

续表

一级指标	二级指标	三级指标	指标代码
结果均等化（2）	劳动人事争议仲裁方面（2A）	每亿元 GDP 劳动人事争议仲裁案件涉案金额（万元）	2A5
		劳动人事争议仲裁涉案人数占就业人数比重（%）	2A6
	劳动保障监察方面（2B）	劳动保障监察案件审限内结案率（%）	2B1
		劳动保障监察受理案件中非公经济成分占比（%）	2B2
		劳动保障监察案件申请复议比率、提起诉讼比率（%）	2B3
		劳动保障监察复议、诉讼案件维持比率（%）	2B4
		每亿元 GDP 劳动保障监察案件受理数（件）	2B5
		每亿元 GDP 劳动保障监察案件涉案金额（万元）	2B6
		劳动保障监察案件涉案人数占就业人数比重（%）	2B7
		建筑业拖欠工资涉案人数占建筑业从业人数比重（%）	2B8
		拖欠工资案件数占劳动保障监察案件受理数比重（%）	2B9
		涉案农民工人数占涉案总人数比重（%）	2B10
	劳动保障服务效能（2C）	软硬件设施齐备程度	2C1
		劳动保障服务的高效性	2C2
		劳动保障服务质量	2C3

指标体系由一级、二级和三级指标构成，具体各级指标的说明如表 5-18 所示：

表 5-18　重庆市市域范围劳动保障基本公共服务均等化指标体系详细说明

指标级数	指标名称	指标说明	计算方法
一级指标	劳动保障机会均等化（1）	劳动保障公共服务是基本公共服务的重要组成部分，在实现劳动保障公共服务均等化供给过程中，政府是主导，法律是保障，财政转移支付是主要手段。建立健全劳动关系协调机制和劳动关系矛盾调处机制，切实保障劳动者取得劳动报酬等合法权益以及享有平等的维权机会 劳动保障机会均等化是指政府在劳动保障服务过程中，坚持共建共享、以人为本等原则，确保广大劳动者在法律保障、制度保障、机构保障等多个领域享有均等的劳动保障机会。主要从劳动保障服务、劳动保障人员资金保障、劳动保障机制等方面进行考察	

续表

指标级数	指标名称	指标说明	计算方法
二级指标	劳动保障服务（1A）	劳动保障服务是指政府及其所属劳动保障组织，依照法律法规对劳动者的合法权益提供制度保障。一方面通过各类渠道发布劳动保障相关政策，另一方面促进电子政务的建设，利用微博、微信、QQ 等网络平台方便广大劳动者足不出户，在线享受劳动保障服务 劳动保障服务的完善，有利于劳动者及时了解相关政策，有利于简化办事流程、提高服务效率，有利于维护劳动者的切实利益	
三级指标	劳动保障政策知晓率（1A1）	劳动保障政策知晓率指劳动者对相关劳动保障政策的了解程度。劳动保障政策知晓率越高，表明该地区劳动者对保障政策越熟悉，政府劳动保障服务的水平越高，有利于相关劳动保障政策的贯彻实施	该指标结果通过专项问卷调查获取
	劳动保障服务信息化程度（1A2）	劳动保障服务信息化程度是指劳动保障服务的信息化应用，即在线办理相关劳动保障业务。在现代 IT 技术支撑下，政府推动电子政务的建设，加快实现劳动保障服务办事流程全程信息化，全面提升服务能力和服务效率	劳动保障服务信息化程度＝已经实现网上操作的劳动保障服务业务数/可以网上操作的劳动保障服务业务数
	劳动保障服务过程中使用的网络平台数（1A3）	劳动保障服务过程中使用的网络平台数是指利用微博、微信、QQ、门户网站等现代信息媒介开展保障服务的平台个数。该指标数值越大，表明劳动保障服务中使用的新媒介途径越多，有利于及时反馈劳动者的利益诉求，为劳动者提供更好、更便捷的服务	劳动保障服务中使用的网络平台数＝与劳动保障服务相关的微博、微信、QQ、门户网站等网络平台个数

续表

指标级数	指标名称	指标说明	计算方法
二级指标	劳动保障人员资金保障（1B）	劳动保障人员资金保障是指政府为提供劳动保障服务而投入的各类公共资源，主要包括财政资金、人力资源和基础设施资源等。该指标从每万人劳动人事争议仲裁员数、每万人劳动保障监察专职人员数、劳动人事争议仲裁机构人均结案数、劳动保障监察机构人均结案数、每万人劳动保障监察本级公共财政投入金额、每亿元 GDP 劳动保障监察机构专职人员数六个方面来考察，计算出综合指标得分	
三级指标	每万人劳动人事争议仲裁员数（1B1）	每万人劳动人事争议仲裁员数指该地区劳动人事争议仲裁员的分布情况以及配备比率。劳动仲裁员是指在劳动人事争议仲裁委员会担任审理和裁决工作的人员。该指标数值越高，说明地区内从事劳动人事争议仲裁的专职人员越多，有利于提高劳动争议处理的效率	每万人劳动人事争议仲裁员数＝劳动人事争议仲裁员数/就业人口数
	劳动人事争议仲裁机构人均结案数（1B2）	劳动人事争议仲裁机构人均结案数是指该地区仲裁机构专职人员（年度内）平均处理案件的数量。该指标体现了本地区仲裁员的人均工作量高低	劳动人事争议仲裁机构人均结案数＝劳动仲裁结案数/劳动人事争议仲裁员数
	每万人劳动保障监察专职人员数（1B3）	每万人劳动保障监察专职人员数指该地区劳动保障监察专职人员的分布情况以及配备比率。劳动保障监察员主要受理对违反劳动保障法律、法规或者规章的行为的举报、投诉，以及依法纠正和查处违反劳动保障法律、法规或者规章的行为。该指标数值越高，说明地区政府对于劳动保障越重视，有利于维护劳动者的合法权益	每万人劳动保障监察专职人员数＝劳动保障监察机构执证（具有执法资格）人员数/就业人口数

续表

指标级数	指标名称	指标说明	计算方法
三级指标	劳动保障监察机构人均结案数（1B4）	劳动保障监察机构人均结案数是指该地区劳动保障监察机构专职人员（年度内）平均处理案件的数量。该指标体现了本地区劳动保障监察员的人均工作量高低	劳动保障监察机构人均结案数＝劳动保障监察结案数/劳动保障监察机构执证（具有执法资格）人员数
	每万人劳动保障监察本级公共财政投入金额（1B5）	每万人劳动保障监察本级公共财政投入金额，指本级公共财政在劳动保障监察领域的平均投入金额。该指标数值越大，表明地区财政对劳动保障监察领域的支持力度越大	每万人劳动保障监察本级公共财政投入金额＝劳动保障监察本级公共财政投入金额/就业人口数
	每亿元GDP劳动保障监察机构专职人员数（1B6）	每亿元GDP劳动保障监察机构专职人员数，是指相对于该地区经济发展规模而言，劳动保障监察机构专职人员的配备比率。该指标数值越大，体现了地区政府对于劳动保障监察越重视，劳动保障监察人员配备越充分，有利于及时处理劳动者的投诉、举报，以及纠正、查处违反劳动法律的行为	每亿元GDP劳动保障监察机构专职人员数＝劳动保障监察机构执证（具有执法资格）人员数/GDP
二级指标	劳动保障机制（1C）	劳动保障机制是劳动制度的一个重要组成部分，指根据国家有关法律规定，通过落实劳动合同制度、建立完善企业工会等途径，切实保障广大劳动者的基本合法权益。对于用人单位不依法签订劳动合同、逾期不支付工资等违法违规行为，由劳动保障行政部门责令改正 从数据可得性方面考虑，主要考察具有代表性的规模以上企业相关情况。该指标主要从规模以上企业中建立了职工代表大会的比例、规模以上企业中工会会员数的比例、企业集体合同签订率三个方面进行考察	

续表

指标级数	指标名称	指标说明	计算方法
三级指标	规模以上企业中建立了职工代表大会的比例（1C1）	职工代表大会是企业进行民主管理的重要形式之一，具有如下几个特点：职责明确、代表性强、组织健全、易于操作、工作范围广泛，能够全面反映民主管理的基本要求，切实保障广大劳动者的合法权益。规模以上企业中建立了职工代表大会的比例越高，说明对企业职工权益保护的重视程度越高	规模以上企业中建立了职工代表大会的比例＝建立了职工代表大会的规模以上企业数/规模以上企业数
	规模以上企业中工会会员数的比例（1C2）	工会负有组织职工依法行使民主权利、发挥主人翁作用、维护职工合法权益、组织职工参加企业事业的民主管理和民主监督等职责。规模以上企业中工会会员数比例越高，工会覆盖率越广，越有利于保障职工的切身利益，保护、调动广大职工的积极性	规模以上企业中工会会员数的比例＝规模以上企业中工会会员数/规模以上企业员工人数
	企业集体合同签订率（1C3）	企业集体合同是指用人单位与广大劳动者就工作事项、劳动报酬、劳动安全、休息休假、保险福利等方面，经过平等协商而达成的书面协议。在签订劳动合同时，单个劳动者处于弱势而不足以同用人单位相抗衡，因而难以争取到公平合理的劳动条件。由工会代表全体劳动者同用人单位签订集体合同，就可以规定集体劳动条件。所以，集体合同能够纠正和防止劳动合同对于劳动者的过分不公平，使之比较公平合理，也使劳资双方在实力上基本平衡。因此，集体合同签订率越高，越有利于保障在劳资双方中处于劣势地位的劳动者的正当权益	规模以上企业中工会会员数的比例＝签订集体合同企业数/企业总数

续表

指标级数	指标名称	指标说明	计算方法
一级指标	劳动保障结果均等化（2）	劳动保障结果均等化是指在承认地域、城乡、群体存在差别的前提下，确保全体公民享受的劳动保障服务在质量和效果上应大致均等。该指标主要从劳动人事争议仲裁、劳动保障监察、劳动保障服务三个方面进行考察 劳动保障服务结果指标一定程度上反映了劳动保障公共服务的地区惠及程度和地区差异，可以在横向、纵向两个维度较好地比较不同区域劳动保障服务的均等化水平	
二级指标	劳动人事争议仲裁方面（2A）	劳动人事争议仲裁是指在收到当事人的仲裁申请后，劳动人事争议仲裁委员会依法对劳动争议在事实上做出判断、在权利义务上做出裁决的一种法律制度。劳动人事争议仲裁应当根据事实，秉持合法、公正的原则，及时地调解和仲裁，保护当事人合法权益，促进劳动关系和谐稳定 该指标主要从劳动人事争议仲裁案件审限内结案率、劳动人事争议仲裁受理案件中非公经济成分占比、劳动人事争议仲裁案件起诉率、每亿元 GDP 劳动人事争议仲裁案件受理数、每亿元 GDP 劳动人事争议仲裁案件涉案金额、劳动人事争议仲裁涉案人数占就业人数比重进行考察	

续表

指标级数	指标名称	指标说明	计算方法
三级指标	劳动人事争议仲裁案件审限内结案率(2A1)	劳动人事争议仲裁案件审限内结案,指在法定审限内,劳动人事争议仲裁机构及仲裁员公平、公正处置劳动人事争议案件。该指标越高,说明劳动者的人事争议诉求能够得到及时处理	劳动人事争议仲裁案件审限内结案率=当期劳动人事争议仲裁结案数(含旧)/劳动人事争议仲裁案件受理总数(含旧)
	劳动人事争议仲裁受理案件中非公经济成分占比(2A2)	劳动人事争议仲裁受理案件中涉及的非公经济成分,即非公有制经济,它是我国社会主义市场经济的重要组成部分,主要包括个体经济、私营经济、外资经济等。相对于公有经济成分,非公经济中的劳动者在劳动法律保护方面往往处于较为弱势的地位,因此,该指标越高,说明本地区对非公经济的劳动保障有待完善	劳动人事争议仲裁受理案件中非公经济成分占比=非公经济劳动人事争议仲裁受理案件/劳动人事争议仲裁案件受理总数
	劳动人事争议仲裁案件起诉率(2A3)	劳动人事争议仲裁案件起诉,指劳资双方在拿到劳动人事争议仲裁裁决书的十五天内,如果对仲裁结果不服,可以向当地法院提起诉讼。劳动人事争议仲裁案件起诉率越高,说明该地区当事人对劳动人事争议仲裁案件处理结果的满意度越低	劳动人事争议仲裁案件起诉率=不服仲裁裁决案件数/劳动人事争议仲裁案件受理总数
	每亿元GDP劳动人事争议仲裁案件受理数(2A4)	每亿元GDP劳动人事争议仲裁案件受理数,指相对于地区经济发展规模而言,每单位GDP(亿元)所涉及的劳动人事争议仲裁案件数。该指标数值越高,说明本地区的劳动人事争议纠纷越多,本地区的劳动保障水平越低,劳动保障有待加强	每亿元GDP劳动人事争议仲裁案件受理数=劳动人事争议仲裁案件受理数/GDP

续表

指标级数	指标名称	指标说明	计算方法
三级指标	每亿元 GDP 劳动人事争议仲裁案件涉案金额（2A5）	每亿元 GDP 劳动人事争议仲裁案件涉案金额，指相对于地区经济发展规模而言，每单位 GDP（亿元）所涉及的劳动人事争议仲裁案件金额数（万元）。该指标数值越高，说明本地区的劳动人事争议纠纷问题越严重，需强化劳动保障力度	每亿元 GDP 劳动人事争议仲裁案件涉案金额＝劳动人事争议仲裁案件涉案金额/GDP
	劳动人事争议仲裁涉案人数占就业人数比重（2A6）	劳动人事争议仲裁涉案人数占就业人数比重，指相对于地区就业人口规模而言，涉及劳动人事争议仲裁案件人数的大致比例。该比重越高，说明该地区劳动人事争议发生的频率越高，对就业者的劳动保障还需加强	劳动人事争议仲裁涉案人数占就业人数比重＝劳动人事争议仲裁案件涉案人数/就业人口数
二级指标	劳动保障监察方面（2B）	劳动保障监察，是指劳动保障行政机关就遵守劳动保障法律法规等情况依法对用人单位进行监督检查，及时发现和纠正违法行为，并对违法行为进行行政处罚或行政处理的行政执法活动。加强劳动保障监察能力建设，强化劳动保障监察执法，建立举报投诉联动处理机制，完善行政执法与刑事司法衔接机制，整治突出违法问题，有利于保障劳动者合法权益，维护和谐稳定的劳动关系 该指标从劳动保障监察案件审限内结案率、劳动保障监察受理案件中非公经济成分占比、劳动保障监察案件申请复议比率、提起诉讼比率、劳动保障监察复议、诉讼案件维持比率、每亿元 GDP 劳动保障监察案件受理数、每亿元 GDP 劳动保障监察案件涉案金额等多个方面进行考量	

续表

指标级数	指标名称	指标说明	计算方法
三级指标	劳动保障监察案件审限内结案率（2B1）	劳动保障监察案件审限内结案，指在法定审限内，劳动保障监察机构依法处理完毕相关案件。该指标越高，说明该地区劳动保障监察机构能够及时、有效地对违法行为依法进行行政处理或行政处罚，维护劳动者的合法权益	劳动保障监察案件审限内结案率＝当期劳动保障监察结案数（含旧）/劳动保障监察案件受理总数（含旧）
	劳动保障监察受理案件中非公经济成分占比（2B2）	劳动保障监察受理案件中涉及的非公经济成分，即非公有制经济，主要包括个体经济、私营经济、外资经济等。相对于公有经济成分，非公经济的劳动者法律保护方面处于较为弱势的地位，因此，该指标越高，说明该地区非公经济劳动者的劳动保障程度越低	劳动保障监察受理案件中非公经济成分占比＝非公经济劳动保障监察受理案件数/劳动保障监察案件受理总数
	劳动保障监察案件申请复议、提起诉讼比率（2B3）	劳动保障监察案件申请复议或提起诉讼，指劳资双方当事人如不服劳动保障行政部门作出的劳动保障监察行政处理（处罚）决定，可在收到行政处理（处罚）决定书起60日内向上一级劳动保障行政部门或当地人民政府申请行政复议，或者自收到本行政处理（处罚）决定书之日起三个月内向当地人民法院提起诉讼。劳动保障监察案件申请复议、提起诉讼比率越高，说明该地区相关当事人对劳动保障监察机构处理结果的满意度越低	劳动保障监察案件申请复议、提起诉讼比率＝申请复议、提起诉讼案件数/劳动保障监察案件受理总数
	劳动保障监察复议、诉讼案件维持比率（2B4）	劳动保障监察复议、诉讼案件维持原判比例越高，说明该地区劳动保障监察机构对用人单位的违法处理、纠正的公正性越好，既有力地维护了劳动保障监察执法的地位，又保护了广大劳动者的合法权益	劳动保障监察复议、诉讼案件维持比率＝申请复议、提起诉讼案件中维持原判案件数/复议、诉讼案件总数

续表

指标级数	指标名称	指标说明	计算方法
三级指标	每亿元GDP劳动保障监察案件受理数(2B5)	每亿元GDP劳动保障监察案件受理数,指相对于地区经济发展规模而言,每单位GDP(亿元)所涉及的劳动保障监察案件数。该指标数值越高,说明该地区单位GDP所涉及的劳动保障监察案件越多,劳动保障还有待强化	每亿元GDP劳动保障监察案件受理数=劳动保障监察案件受理数/GDP
	每亿元GDP劳动保障监察案件涉案金额(2B6)	每亿元GDP劳动保障监察案件涉案金额,指相对于地区经济发展规模而言,每单位GDP(亿元)所涉及的劳动保障监察案件金额数(万元)。该指标数值越高,说明该地区用人单位损害劳动者利益行为越严重,劳动保障监察力度有待强化	每亿元GDP劳动保障监察案件涉案金额=劳动保障监察案件涉案金额/GDP
	劳动保障监察案件涉案人数占就业人数比重(2B7)	劳动保障监察涉案人数占就业人数比重,指相对于地区就业人口规模而言,涉及劳动保障监察案件人数的大致比例与整体情况。该比重越高,说明该地区用人单位劳动保障方面的违法违规行为所涉及的劳动者越多	劳动保障监察案件涉案人数占就业人数比重=劳动保障监察案件涉案人数/就业人口数
	建筑业拖欠工资涉案人数占建筑业从业人数比重(2B8)	长期以来,建筑业吸纳了大量农村富余劳动力,广大农民工进入建筑业,既增加了自身收入,同时又促进了农村劳动力就业结构调整。但建筑行业中普遍存在拖欠和克扣劳务人员工资的现象。该指标越高,说明该地区建筑行业拖欠工资的现象越严重	建筑业拖欠工资涉案人数占建筑业从业人数比重=建筑业拖欠工资涉案人数/建筑业从业人数
	拖欠工资案件数占劳动保障监察案件受理数比重(2B9)	拖欠工资案件数占劳动保障监察案件受理数比重越高,说明该地区拖欠工资的情况越普遍。当地劳动保障监察机构应规范用人单位劳动合同签订制度,督促企业按时发薪,切实保障劳动者的正当权益	拖欠工资案件数占劳动保障监察案件受理数比重=拖欠工资案件数/劳动保障监察案件受理总数

续表

指标级数	指标名称	指标说明	计算方法
三级指标	涉案农民工人数占涉案总人数比重（2B10）	农民工是劳动保障中的弱势群体，涉案农民工人数占涉案总人数比重，指该地区劳动保障监察案件中涉案农民工所占的比重。该比重越高，说明该地区对农民工的权益保障力度越低。农民工群体作为一个规模庞大的特殊群体，对城市的建设与发展起到了巨大的作用，如今在城市化进程中却日益边缘化，扭转这种局面的根本出路则是加强农民工的权益保护，建立相应的社会保障机制	涉案农民工人数占涉案总人数比重＝劳动保障监察案件涉案农民工人数/涉案总人数
二级指标	劳动保障服务效能（2C）	劳动保障服务效能指劳动人事争议仲裁、劳动保障监察等机构部门专职人员在提供劳动保障服务时的办事效率、服务态度和服务质量等。该指标从主观层面反映地区劳动保障服务的提供质量，主要从软硬件设施齐备程度、劳动保障服务的高效性、劳动保障服务质量三个方面进行综合考量	
三级指标	软硬件设施齐备程度（2C1）	该指标主要考察劳动保障服务软硬件设施的完备程度。该指标的满意度越高，说明劳动保障服务的软硬件设施配备越令人满意	该指标主要通过问卷调查获取
	劳动保障服务的高效性（2C2）	该指标主要考察劳动保障服务的高效性、办理程序的便捷性等。该指标的满意度越高，说明劳动保障服务的效率越高	该指标主要通过问卷调查获取
	劳动保障服务质量（2C3）	该指标主要考察劳动保障服务人员的态度、受服务对象在享受权利方面的获得感和公平感等。该指标的满意度越高，说明劳动保障服务的质量越好	该指标主要通过问卷调查获取

5.7.2 全国省际范围劳动保障基本公共服务均等化评价指标体系

为对全国省际范围内各省市人社领域劳动保障基本公共服务均等化进行评价，构建如表 5-19 所示指标体系。

表 5-19 全国省际范围劳动保障基本公共服务均等化评价指标体系

<table>
<tr><th>一级指标</th><th>二级指标</th><th>三级指标</th><th>指标代码</th></tr>
<tr><td rowspan="8">机会均等化
(1)</td><td rowspan="2">劳动保障服务
(1A)</td><td>劳动保障政策知晓率(%)</td><td>1A1</td></tr>
<tr><td>劳动保障服务信息化程度(%)</td><td>1A2</td></tr>
<tr><td rowspan="4">劳动保障人员
资金保障
(1B)</td><td>每万人劳动人事争议仲裁员数(人)</td><td>1B1</td></tr>
<tr><td>每万人劳动保障监察专职人员数(人)</td><td>1B2</td></tr>
<tr><td>每万人劳动保障监察公共财政投入金额(万元)</td><td>1B3</td></tr>
<tr><td>每亿元 GDP 劳动保障监察机构专职人员数(人)</td><td>1B4</td></tr>
<tr><td rowspan="2">劳动保障机制
(1C)</td><td>规模以上企业中建立了职工代表大会的比例(%)</td><td>1C1</td></tr>
<tr><td>企业集体合同签订率(%)</td><td>1C2</td></tr>
<tr><td rowspan="9">结果均等化
(2)</td><td rowspan="3">劳动人事争议
仲裁方面
(2A)</td><td>劳动人事争议仲裁案件起诉率(%)</td><td>2A1</td></tr>
<tr><td>每亿元 GDP 劳动人事争议仲裁案件受理数(件)</td><td>2A2</td></tr>
<tr><td>劳动人事争议仲裁涉案人数占就业人数比重(%)</td><td>2A3</td></tr>
<tr><td rowspan="3">劳动保障监察方面
(2B)</td><td>劳动保障监察案件申请复议、提起诉讼比率(%)</td><td>2B1</td></tr>
<tr><td>劳动保障监察案件涉案人数占就业人数比重(%)</td><td>2B2</td></tr>
<tr><td>拖欠工资案件数占劳动保障监察案件受理数比重(%)</td><td>2B3</td></tr>
<tr><td rowspan="3">劳动保障服务效能
(2C)</td><td>软硬件设施齐备程度</td><td>2C1</td></tr>
<tr><td>劳动保障服务的高效性</td><td>2C2</td></tr>
<tr><td>劳动保障服务质量</td><td>2C3</td></tr>
</table>

指标体系由一级、二级和三级指标构成，具体各级指标的说明如表 5-20 所示：

表 5-20　全国省际范围劳动保障基本公共服务均等化指标体系详细说明

指标级数	指标名称	指标说明	计算方法
一级指标	劳动保障机会均等化（1）	劳动保障公共服务是基本公共服务的重要组成部分，要实现劳动保障公共服务均等化供给，政府是主导，法律是保障，主要手段则是财政转移支付。建立健全劳动关系矛盾调处机制和劳动关系协调机制，切实保障劳动者享有平等的维权机会、取得劳动报酬等合法权益 劳动保障机会均等化是指政府在劳动保障服务过程中，坚持以人为本、共建共享等原则，确保广大劳动者在法律保障、制度保障、机构保障等多个领域享有均等的劳动保障机会。主要从劳动保障服务、劳动保障人员资金保障、劳动保障机制等方面进行考察	
二级指标	劳动保障服务（1A）	劳动保障服务是指政府及其所属劳动保障组织，依照法律法规对劳动者的合法权益提供制度保障。一方面通过各类渠道发布劳动保障相关政策，另一方面促进电子政务的建设，利用微博、微信、QQ 等网络平台方便广大劳动者足不出户，在线享受劳动保障服务 劳动保障服务的完善，有利于劳动者及时了解相关政策，有利于简化办事流程、提高服务效率，有利于维护劳动者的切实利益	
三级指标	劳动保障政策知晓率（1A1）	劳动保障政策知晓率指劳动者对相关劳动保障政策的了解程度。劳动保障政策知晓率越高，表明该地区劳动者对保障政策越熟悉，政府劳动保障服务的水平越高，越有利于相关劳动保障政策的贯彻实施	该指标结果通过专项问卷调查获取

续表

指标级数	指标名称	指标说明	计算方法
三级指标	劳动保障服务信息化程度（1A2）	劳动保障服务信息化程度是指劳动保障服务的信息化应用，即在线办理相关劳动保障业务。在现代 IT 技术支撑下，政府推动电子政务的建设，加快实现劳动保障服务办事流程全程信息化，全面提升服务能力和服务效率	劳动保障服务信息化程度＝已经实现网上操作的劳动保障服务业务数/可以网上操作的劳动保障服务业务数
二级指标	劳动保障人员资金保障（1B）	劳动保障人员资金保障是指政府为提供劳动保障服务而投入的各类公共资源，主要包括财政资金、人力资源和基础设施资源等。该指标从每万人劳动人事争议仲裁员数、每万人劳动保障监察专职人员数、每万人劳动保障监察公共财政投入金额、每亿元 GDP 劳动保障监察机构专职人员数四个方面来考察，计算出综合指标得分	
三级指标	每万人劳动人事争议仲裁员数（1B1）	每万人劳动人事争议仲裁员数指该地区劳动人事争议仲裁员的分布情况以及配备比率。劳动仲裁员是指在劳动人事争议仲裁委员会担任审理和裁决工作的人员。该指标数值越高，说明地区内从事劳动人事争议仲裁的专职人员越多，有利于提高劳动争议处理的效率	每万人劳动人事争议仲裁员数＝劳动人事争议仲裁员数/就业人口数
	每万人劳动保障监察专职人员数（1B2）	每万人劳动保障监察专职人员数指该地区劳动保障监察专职人员的分布情况以及配备比率。劳动保障监察员主要受理对违反劳动保障法律、法规或者规章制度等行为的投诉、举报，并及时依法纠正和查处相关违法行为。该指标数值越高，说明地区政府对于劳动保障越重视，有利于维护劳动者的合法权益	每万人劳动保障监察专职人员数＝劳动保障监察机构执证（具有执法资格）人员数/就业人口数

续表

指标级数	指标名称	指标说明	计算方法
三级指标	每万人劳动保障监察公共财政投入金额（1B3）	每万人劳动保障监察本级公共财政投入金额，指本级公共财政在劳动保障监察领域的平均投入金额。该指标数值越大，表明地区财政对劳动保障监察领域的支持力度越大	每万人劳动保障监察本级公共财政投入金额＝劳动保障监察本级公共财政投入金额/就业人口数
	每亿元 GDP 劳动保障监察机构专职人员数（1B4）	每亿元 GDP 劳动保障监察机构专职人员数，是指相对于该地区经济发展规模而言，劳动保障监察机构专职人员的配备比率。该指标数值越大，体现了地区政府对于劳动保障监察越重视，劳动保障监察人员配备越充分，有利于及时处理劳动者的投诉、举报，以及纠正、查处违反劳动法律的行为	每亿元 GDP 劳动保障监察机构专职人员数＝劳动保障监察机构执证（具有执法资格）人员数/GDP
二级指标	劳动保障机制（1C）	劳动保障机制是劳动制度的一个重要组成部分，指根据国家有关法律规定，通过落实劳动合同制度、建立完善企业工会等途径，切实保障广大劳动者的基本合法权益。对用人单位不依法订立劳动合同、逾期不支付工资等违法违规行为，由劳动保障行政部门责令改正 从数据可得性方面考虑，主要考察具有代表性的规模以上企业相关情况。该指标主要从规模以上企业中建立了职工代表大会的比例、企业集体合同签订率两个方面进行考察	

续表

指标级数	指标名称	指标说明	计算方法
三级指标	规模以上企业中建立了职工代表大会的比例（1C1）	职工代表大会是企业进行民主管理的重要形式之一，具有如下几个特点：职责明确、代表性强、组织健全、易于操作、工作范围广泛，能够全面反映民主管理的基本要求，切实保障广大劳动者的合法权益。规模以上企业中建立了职工代表大会的比例越高，说明对企业职工权益保护的重视程度越高	规模以上企业中建立了职工代表大会的比例＝建立了职工代表大会的规模以上企业数/规模以上企业数
	企业集体合同签订率（1C2）	企业集体合同是指用人单位与广大劳动者就工作事项、劳动报酬、劳动安全、休息休假、保险福利等方面，经过双方平等协商而达成的书面协议。在劳资双方关系中，由于单个劳动者处于弱势地位，难以同用人单位相抗衡，因而较难争取到公平合理的劳动条件。由工会代表全体劳动者统一与用人单位签订集体合同，可以在确保广大劳动者合法权益的前提下，规定集体劳动条件。所以，集体合同能够纠正和防止劳动合同对于劳动者的过分不公平，使之比较公平合理，有利于构建和谐平衡的劳资关系。因此，集体合同签订率越高，越有利于保障在劳资双方中处于劣势地位的劳动者的正当权益	企业集体合同签订率＝签订集体合同企业数/企业总数
一级指标	劳动保障结果均等化（2）	劳动保障结果均等化是指在承认地域、城乡、群体存在差别的前提下，确保全体公民享受的劳动保障服务在质量和效果上应大致均等。该指标主要从劳动人事争议仲裁、劳动保障监察、劳动保障服务效能三个方面进行考察 劳动保障服务结果指标一定程度上反映了劳动保障公共服务的地区惠及程度和地区差异，可以在横向、纵向两个维度较好地比较不同区域劳动保障服务的均等化水平	

续表

指标级数	指标名称	指标说明	计算方法
二级指标	劳动人事争议仲裁方面（2A）	劳动人事争议仲裁是指在收到当事人的仲裁申请后，劳动人事争议仲裁委员会依法对劳动争议在事实上做出判断、在权利义务上做出裁决的一种法律制度。劳动人事争议仲裁应当根据事实，秉持合法、公正的原则，及时地调解和仲裁，保护当事人合法权益，促进劳动关系和谐稳定 该指标主要从劳动人事争议仲裁案件起诉率、每亿元 GDP 劳动人事争议仲裁案件受理数、劳动人事争议仲裁涉案人数占就业人数比重三个方面进行考察	
三级指标	劳动人事争议仲裁案件起诉率（2A1）	劳动人事争议仲裁案件起诉，指劳资双方在拿到劳动人事争议仲裁裁决书的十五天内，如果对仲裁结果不服，可以向当地法院提起诉讼。劳动人事争议仲裁案件起诉率越高，说明该地区当事人对于劳动人事争议仲裁案件处理结果的满意度越低	劳动人事争议仲裁案件起诉率 = 不服仲裁裁决案件数/劳动人事争议仲裁案件受理总数
	每亿元 GDP 劳动人事争议仲裁案件受理数（2A2）	每亿元 GDP 劳动人事争议仲裁案件受理数，指相对于地区经济发展规模而言，每单位 GDP（亿元）所涉及的劳动人事争议仲裁案件数。该指标数值越高，说明该地区的劳动人事争议纠纷越多，该地区的劳动保障水平越低，劳动保障有待加强	每亿元 GDP 劳动人事争议仲裁案件受理数 = 劳动人事争议仲裁案件受理数/GDP
	劳动人事争议仲裁涉案人数占就业人数比重（2A3）	劳动人事争议仲裁涉案人数占就业人数比重，指相对于地区就业人口规模而言，涉及劳动人事争议仲裁案件人数的大致比例。该比重越高，说明该地区劳动人事争议发生的频率越高，对就业者的劳动保障还需加强	劳动人事争议仲裁涉案人数占就业人数比重 = 劳动人事争议仲裁案件涉案人数/就业人口数

续表

指标级数	指标名称	指标说明	计算方法
二级指标	劳动保障监察方面（2B）	劳动保障监察，是指劳动保障行政机关就遵守劳动保障法律法规等情况依法对用人单位进行监督检查，及时发现和纠正违法行为，并对违法行为进行行政处罚或行政处理的行政执法活动。加强劳动保障监察能力建设，强化劳动保障监察执法，建立举报投诉联动处理机制，完善行政执法与刑事司法衔接机制，整治突出违法问题，有利于保障劳动者合法权益，维护和谐稳定的劳动关系 该指标从劳动保障监察案件申请复议和提起诉讼比率、劳动保障监察案件涉案人数占就业人数比重、拖欠工资案件数占劳动保障监察案件受理数比重三个方面进行考量	
三级指标	劳动保障监察案件申请复议、提起诉讼比率（2B1）	劳动保障监察案件申请复议或提起诉讼，指劳资双方当事人如不服劳动保障行政部门作出的劳动保障监察行政处理（处罚）决定，可在收到行政处理（处罚）决定书起60日内向上一级劳动保障行政部门或当地人民政府申请行政复议，或者自收到本行政处理（处罚）决定书之日起三个月内向当地人民法院提起诉讼。劳动保障监察案件申请复议、提起诉讼比率越高，说明该地区相关当事人对劳动保障监察机构处理结果的满意度越低	劳动保障监察案件申请复议、提起诉讼比率＝申请复议、提起诉讼案件数/劳动保障监察案件受理总数
	劳动保障监察案件涉案人数占就业人数比重（2B2）	劳动保障监察涉案人数占就业人数比重，指相对于地区就业人口规模而言，涉及劳动保障监察案件人数的大致比例与整体情况。该比重越高，说明该地区用人单位劳动保障方面的违法违规行为所涉及的劳动者越多	劳动保障监察案件涉案人数占就业人数比重＝劳动保障监察案件涉案人数/就业人口数

续表

指标级数	指标名称	指标说明	计算方法
三级指标	拖欠工资案件数占劳动保障监察案件受理数比重（2B3）	拖欠工资案件数占劳动保障监察案件受理数比重越高，说明在该地区拖欠工资的情况越普遍。当地劳动保障监察机构应规范用人单位劳动合同签订制度，督促企业按时发薪，切实保障劳动者的正当权益	拖欠工资案件数占劳动保障监察案件受理数比重 = 拖欠工资案件数/劳动保障监察案件受理总数
二级指标	劳动保障服务效能（2C）	劳动保障服务效能指劳动人事争议仲裁、劳动保障监察等机构部门专职人员在提供劳动保障服务时的办事效率、服务态度和服务质量等。该指标从主观层面反映地区劳动保障服务的提供质量，主要从软硬件设施齐备程度、劳动保障服务的高效性、劳动保障服务质量三个方面进行综合考量	
三级指标	软硬件设施齐备程度（2C1）	该指标主要考察劳动保障服务软硬件设施的完备程度。该指标的满意度越高，说明劳动保障服务的软硬件设施配备越令人满意	该指标主要通过问卷调查获取
	劳动保障服务的高效性（2C2）	该指标主要考察劳动保障服务的高效性、办理程序的便捷性等。该指标的满意度越高，说明劳动保障服务的效率越高	该指标主要通过问卷调查获取
	劳动保障服务质量（2C3）	该指标主要考察劳动保障服务人员的态度、受服务对象在享受权利方面的获得感和公平感等。该指标的满意度越高，说明劳动保障服务的质量越好	该指标主要通过问卷调查获取

5.8 人社领域基本公共服务均等化指标体系精简版

为简化人社领域基本公共服务均等化评价过程，增强评价工作的可操作性，构建如表5-21所示精简版指标体系。

表5-21 人社领域基本公共服务均等化指标体系精简版

一级指标	二级指标	指标代码
就业服务(1)	就业财政支出金额(万元)	1A
	职业介绍机构数(个)	1B
	就业服务人员数(个)	1C
	职业技能培训机构数(个)	1D
社会保险(2)	社会保险经办机构数(个)	2A
	社保工作人员配备数(人)	2B
	社会保险财政支出(万元)	2C
创业服务(3)	创业类补贴发放金额(万元)	3A
	创业培训经费投入(万元)	3B
	创业孵化基地面积(平方米)	3C
	创业服务工作人员数(人)	3D
	公共创业服务机构和平台建设经费投入(万元)	3E
人才服务(4)	人才招聘说明会举办次数(次)	4A
	人才工作专项经费支出(万元)	4B
	人力资源服务中介机构从业人员数(人)	4C
	研发机构当量	4D
	高级研修项目学员年均人数(人)	4E
劳动保障(5)	劳动人事争议仲裁员配备数(人)	5A
	劳动保障监察专职人员数(人)	5B
	劳动人事争议仲裁本级公共财政投入金额(万元)	5C
	劳动保障监察本级公共财政投入金额(万元)	5D

指标体系由一级、二级指标构成，具体各级指标的说明如表5-22所示：

表5-22　人社领域基本公共服务均等化指标体系精简版详细说明

指标级数	指标名称	指标说明	计算方法
一级指标	就业服务（1）	就业服务是指政府为实现充分就业与更高质量的就业，在公共就业领域投入人力、物力、财力，进而为服务对象提供就业介绍、就业指导、就业培训、就业援助等公共就业服务 就业服务主要为解决劳动力市场中出现的失业和就业困难等问题，旨在恢复劳动力供求平衡、协调劳资关系。公共就业服务是促进就业、调节人力资源市场和维护就业公平的重要保障，也是政府提高基本公共服务水平的一个重要方面	
二级指标	就业财政支出金额（1A）	就业财政支出金额是指该地区的就业财政支出（含本级财政支出和转移支付）总额。该指标体现了政府对就业公共服务的重视和支持程度，也是一个地区就业公共服务的重要资金保障。该指标数值越高，说明该政府对就业的财政扶持力度越大，越有利于提高公共就业服务的水平	地区的就业财政支出（含本级财政支出和转移支付）总额
	职业介绍机构数（1B）	职业介绍机构数是指该地区拥有的职业介绍机构的总数。该指标主要统计由政府主办或财政出资设立的职业介绍机构，不包括纯市场性质或民间设立的职业介绍机构。该指标数值越大，说明该地区拥有职业介绍机构数越多，该地区就业公共服务供给能力越强	地区拥有的职业介绍机构的总数

续表

指标级数	指标名称	指标说明	计算方法
二级指标	就业服务人员数(1C)	就业服务人员数是指该地区拥有的就业服务人员(仅指财政供养人员)总数。该指标体现了就业服务的人力资源投入,是机会均等的一个重要衡量指标。该指标主要统计由国家财政资金供养的就业服务人员。该指标数值越大,说明该地区拥有的就业服务人员越多,就业公共服务的人力资源保障水平越高	地区拥有的就业服务人员(仅指财政供养人员)总数
	职业技能培训机构数(1D)	职业技能培训机构数是指该地区拥有的职业技能培训机构的总数。职业技能培训机构主要是为劳动者从事各种职业提供劳动技术业务知识服务的重要机构,包括社会组织和个人单独或联合举办的技工学校、职业(技术)学校、就业训练中心、职工培训中心(学校)等。该指标主要统计由政府主办或财政出资设立的职业技能培训机构,不包括纯市场性质或民间设立的职业技能培训机构。该指标数值越大,说明该地区拥有职业技能培训机构数越多,该地区就业公共服务供给能力越强	地区拥有的职业技能培训机构的总数
一级指标	社会保险(2)	加快推进基本公共服务均等化是建设社会主义和谐社会的必由之路,而社保均等化是基本公共服务均等化的重要组成部分,该指标主要从政府对社会保险的人员、组织、资金投入方面考察	
二级指标	社会保险经办机构数(2A)	社会保险经办机构是国家或社会对社会保险实行行政性、事业性管理的职能机构。社会保险经办机构为建立和提高社会保险基金统筹层次提供重要的组织保障,也可以方便广大参保个人和参保单位享受到优质高效的服务。该指标值越大,说明社保经办机构数越多,该地区社保公共服务供给能力越强	该指标根据统计局公布数据获取

续表

指标级数	指标名称	指标说明	计算方法
二级指标	社保工作人员配备数（2B）	社保工作人员是指该地区从事社保服务工作的人员。该指标体现了该地区政府对社保的人力资源投入力度，该指标值越大，则社保工作人员配备数越多，社保公共服务的人力资源保障水平越高	该指标根据统计局公布数据获取
	社会保险财政支出（2C）	社会保险财政支出仅指政府财政对社保的支出，不包括单位对社保的支出部分。目前政府只对养老保险和生育保险提供资金支持。该指标体现了该地区政府对社保的财政资金投入，该指标值越大，说明该地区政府对社保服务的重视度越高，财政扶持力度越大，越有利于提高社保基本公共服务水平	该指标根据统计局公布数据获取
一级指标	创业服务（3）	创业服务是政府面向高校毕业生、就业困难人员、返乡农民工、转役退伍军人等有创业需求群体，为其提供创业咨询指导、创业培训、创业项目推介、创业融资等服务，以解决创业者资金难、场地难、能力弱等问题。创业公共服务是人社领域基本公共服务的重要组成部分，是政府就业创业工作中一项基础性的关键任务 创业公共服务均等化侧重于为创业者提供大致相等的创业机会，主要体现在地区间财力资源、人力资源、物质资源等创业服务资源投入的均等化。提供创业公共服务是落实“大众创业、万众创新”的必然要求，有利于促进以创业带动就业，实现更高质量就业的目标。落实创业公共服务均等化有利于协调地区创业资源分配，增强地区总体创新创业能力，提升基本公共服务水平	

续表

指标级数	指标名称	指标说明	计算方法
二级指标	创业类补贴发放金额（3A）	创业类补贴发放金额反映各地区创业补贴的资金投入力度。该指标越大，说明创业补贴力度越大，创业补贴资金保障越充分。该指标越均等，说明各地区创业资金扶持力度相对均等	政府创业类补贴发放总额
	创业培训经费投入（3B）	创业培训经费投入是政府用于创业培训的资金投入。创业培训的经费投入越大，说明对创业培训的重视程度越高，财力保障越充分。该指标越均等，说明各地区创业培训机会越均等	政府创业培训经费投入总额
	创业孵化基地面积（3C）	创业孵化是创业公共服务的重要平台，为创业者提供共享服务空间、经营场地、政策指导、资金申请、咨询策划、项目顾问、人才培养等多类创业服务，为创业起步提供一个良好的创业生态环境和有效载体。创业孵化基地面积反映出政府对创业者的空间和场地支持。该指标越均等，说明各地区创业场地保障越均等	地区创业孵化基地总面积
	创业服务工作人员数（3D）	创业服务工作人员是指基层劳动就业和社会保障服务机构内从事创业服务的工作人员。创业服务工作人员数反映创业服务的人力资源投入，创业服务工作人员配置越充足，地区创业服务工作质量越高。该指标越均等，说明各地区创业服务人力资源保障越均等	基层劳动就业和社会保障服务机构提供创业服务的工作人员数
	公共创业服务机构和平台建设经费投入（3E）	公共创业服务机构和平台是创业服务的物质基础。公共创业服务机构和平台建设经费投入是指政府部门用于公共创业服务机构和平台建设的经费投入，该指标反映地区创业服务基础建设的经费保障。该指标越大，说明机构设施建设的经费保障越充分，越有利于标准化建设和提升创业服务水平	政府用于公共创业服务机构和平台建设的经费投入金额

续表

指标级数	指标名称	指标说明	计算方法
一级指标	人才服务（4）	人才服务指人社部门坚持党管人才原则，充分发挥政府人才综合管理职能作用，深入实施人才优先发展战略，实施更积极、更开放、更有效的人才政策，进行更充足、更高效、更有力的资源投入，为人才发展提供更广阔、更公平、更长远的发展平台和发展机会。人才服务投入资源均等化为人才吸引、人才选拔、人才培养和人才发展提供了公平、开放、有效的服务环境，有利于构建“政府引导、企业主体、市场化运作”的引才机制，有利于畅通人才流动渠道，铸就高质量的人才队伍	
二级指标	人才招聘说明会举办次数（4A）	由地区政府组织的在世界各地及全国各地举办的人才招聘会次数（不包含企业自行组织的招聘会）。人才招聘会为用人单位和人才之间双向选择提供交流洽谈场所和相关服务。人才招聘说明会举办次数越多，表明人社部门在人才吸引方面宣传力度越大	由地区政府组织的在世界各地及全国各地举办的人才招聘会次数（不包含企业自行组织的招聘会）
	人才工作专项经费支出（4B）	人才工作专项经费指人社部门用于人才培养、人才及智力引进、人才交流合作、科研资助、人才评选及奖励等相关人才工作及人才队伍建设的专项经费	相关统计资料
	人力资源服务中介机构从业人员数（4C）	人力资源服务中介机构从业人员指由政府或市场兴办的人力资源服务中介机构的工作人员。人力资源服务中介机构从业人员为地方人才服务工作提供了重要的人力资源保障	人力资源服务中介机构从业人员数（由政府或市场兴办的人力资源服务中介机构从业人员总数）

续表

指标级数	指标名称	指标说明	计算方法
二级指标	研发机构当量（4D）	研发机构是指在地区内设立的独立或非独立的具有自主研发能力的技术创新组织载体。地区研发机构是地区技术创新的基础平台，是全面提高自主创新能力的中坚力量	研发机构当量=（中央部门所属研究与开发机构数×5+省级及以下研究与开发机构数×1）
二级指标	高级研修项目学员年均人数（4E）	高级研修项目是培养造就高素质专业技术人才队伍的重要平台，是提升专业技术人才能力的重要抓手，对于加强我国专业技术人才队伍建设，推动经济社会发展和科技创新具有重要意义。各地区高级研修项目学员人数越均等，表明各地区人才发展机会越均等	近三年参加项目学习总人数的年平均数
一级指标	劳动保障（5）	劳动保障均等化是基本公共服务均等化的重要组成部分，主要从劳动保障相关的资源投入方面考察，包括劳动人事争议仲裁员配备数，劳动保障监察机构专职人员配备数，劳动人事争议仲裁以及劳动保障监察本级公共财政投入金额等	
二级指标	劳动人事争议仲裁员配备数（5A）	劳动人事争议仲裁员配备数指该地区劳动人事争议仲裁员的配备人数。劳动仲裁员是指在劳动人事争议仲裁委员会担任审理和裁决工作的人员。该指标数值越高，说明地区内从事劳动人事争议仲裁的专职人员越多，有利于提高劳动人事争议案件处理的效率	地区劳动人事争议仲裁员数

续表

指标级数	指标名称	指标说明	计算方法
二级指标	劳动保障监察专职人员数（5B）	劳动保障监察专职人员数指该地区劳动保障监察专职人员的配备人数。劳动保障监察员主要受理对违反劳动保障法律、法规或者规章的行为的举报、投诉，以及依法纠正和查处违反劳动保障法律、法规或者规章的行为。该指标数值越高，说明政府对于劳动保障越重视，越有利于维护劳动者的合法权益	地区劳动保障监察机构执证（具有执法资格）人员数
	劳动人事争议仲裁本级公共财政投入金额（5C）	劳动人事争议仲裁本级公共财政投入金额，指本级公共财政在劳动人事争议仲裁领域的投入金额。该指标数值越大，表明地区财政对劳动保障人事争议仲裁领域的支持力度越大	本级公共财政在劳动人事争议仲裁领域的投入总额
	劳动保障监察本级公共财政投入金额（5D）	劳动保障监察本级公共财政投入金额，指本级公共财政在劳动保障监察领域的投入金额。该指标数值越大，表明地区财政对劳动保障监察领域的支持力度越大	本级公共财政在劳动保障监察领域的投入总额

6　人社领域基本公共服务均等化评估方法

6.1　多指标综合评价方法概述与选择

本章利用第五章构建的评价指标体系，全面、客观、准确地评价人社领域基本公共服务均等化的整体情况，为人社领域基本公共服务工作的事前决策、事中审查和事后评估提供科学依据，有助于政府优化资源配置、提高决策效率，对于基本公共服务均等化目标的实现具有重要的现实意义。由于人社领域基本公共服务的多样性和复杂性，如果采取传统方法，利用登记失业率、参保率等单个指标来衡量人社领域基本公共服务，则以偏概全的缺陷非常明显，必须采用多指标综合评价方法，建立基本保持一致的稳定观测框架，对各省区、重庆市各区县（区域）人社领域的基本公共服务均等化进程进行持续测度。

所谓多指标综合评价是指建立多个评价指标，并确定权重系数，对评价对象进行排序或分类，综合评价的最终结果不再是含有具体含义的统计指标，而是以分值或指数来表示评价对象的类别归属或“综合状况”的优劣名次排序，其基本思路是将多个指标转化为能够反映综合情况的单指标来进行评价。除了对评价对象做出整体性、全局性评价以外，还可以进一步比较和分析对象各个局部之间的差异,从而将局部比较和整体描述相结合,有利于准确发现和明确评析对象存在的实际问题,提高决策的科学性。

常用的多指标综合评价方法有 AHP 法、模糊综合评判法、理想点法、灰色关联评价法等以及这些方法的交叉综合使用。多指标综合评价方法的重要环节是各指标权重的确定,直接关系到最终评价结果的准确性,因此,按照权重确定方法的不同,多指标综合评价方法主要分为两大类:主观赋权法和客观赋权法。

主观赋权法是由评价分析人员根据各项指标的重要性(主观重视程度)而赋权的一类方法,常用的有专家打分法、层次分析法等。由于多指标体系中的各指标对于评价对象的重要程度不同,即使同一指标,在不同时期的重要程度也有所变化,因此,主观赋权法能够体现与时俱进原则,真实反映实际情况。然而,无论何种主观赋权法,权重都是"人为构造"的,没有绝对标准,不同的人可以依据个人经验和对各项指标重要性的主观认知提出不同的赋权方法,带有一定程度的主观随意性,权重不可避免地会因人而异,其评价结果的科学性常常令人质疑。

客观赋权法是从原始数据中提取信息,根据原始数据之间的关系通过一定的数学方法来确定权重,权重的确定不依赖人的主观判断,有较强的数学理论依据,常用的有熵值法、泰尔指数法、主成分分析法、TOPSIS 评价法、变异系数法等。客观赋权法也有一定缺陷:①过分依赖统计或数学的定量方法,计算过程比较复杂,通用性、可参与性和应用性比较差,忽略了评价指标的主观定性分析,不能体现评判者对不同属性指标的重视程度,确定的权重可能会与指标的实际重要程度相差较大。②完全依赖样本数据,当样本数据变化时,权重也会发生变化。整个评价系统往往是一个不确定的系统,客观赋权法试图运用已知的信息来最大限度地挖掘系统规律,从统计规律来讲,随着样本容量的增加,权重的变化应该越来越小,最终趋于一个稳定的值,但在实际评价过程中往往不可能采集到足够多的样本,所以在有限样本下得到的只能是近似值。

因此,上述两类方法都存在信息损失,比较科学的做法是将主观与客观结合起来,采用主客观赋权法(或称为组合赋权法),最大限度地减少信息损失,使赋权的结果与实际结果尽可能地接近。以下对一些常用的主观赋权法和客观赋权法进行简要概述。

6.1.1 专家打分法

专家打分法是指通过匿名方式征询有关专家的意见，对专家意见进行统计、处理、分析和归纳，客观地综合多数专家经验与主观判断，以确定各个指标权重的过程。该方法的主观程度较大，赋权结果对专家的依赖程度较高。为最大限度地克服专家打分的随意性，必须规范专家打分的具体操作方法和流程。德尔菲法就是一种相对规范、相对严谨的专家打分法，在实践中被广为采用。德尔菲法又称专家规定程序调查法，是 1946 年由美国兰德公司创始实行，并以古希腊城市德尔菲(Delphi)命名。该方法首先要求成立一个由若干专家和工作人员组成的专门评估机构，然后按照规定的程序，背靠背地征询专家对指标权重的意见或者判断，本质上是一种反馈匿名函询法。其大致流程是：以函件的方式就指标权重问题分别向专家征求意见，由工作人员对专家意见进行整理、归纳、统计，再匿名反馈给各专家，再次征询意见，再集中，再反馈，直至得到一致的意见。由此可见，德尔菲法是一种利用函询形式进行的集体匿名思想交流过程，其匿名性、多次反馈、小组的统计回答是它明显区别于其他专家打分方法的特点，可以获得具有很高准确率的集体赋权结果。

6.1.2 熵值法

熵值法是一种客观评价方法。熵值法的熵最初来源于物理学中的热力学概念，主要反映系统的混乱程度，现已广泛应用于可持续发展评价及社会经济等研究领域。在信息论中，熵是对不确定性的一种度量，可以通过计算熵值来判断一个事件的随机性及无序程度，也可以用熵值来判断某个指标的离散程度，指标数据的离散程度越大，信息熵越小，其提供的信息量越大，该指标对综合评价的影响越大，其权重也应越大；反之，各指标值差异越小，信息熵就越大，其提供的信息量则越小，该指标对评价结果的影响也越小，其权重亦应越小。用熵值法确定指标权重，既可以克服主观赋权法无法避免的随机性、臆断性问题，还可以有效解决多指标变量间信息的重叠问题。

6.1.3 泰尔指数法

泰尔指数法是一种直接客观地评价均等化的常用方法,经常被用于衡量个人之间或者地区间的收入差距(或者称不平等度),由泰尔(Theil,1967)利用信息理论中的熵概念来计算收入不平等而得名,近年来在基本公共服务均等化评价领域也被广泛运用。结合本课题实际,泰尔指数法可以通过计算各地对人社领域基本公共服务的资源投入与人口分布的匹配程度来反映各地区均等化程度,泰尔指数值越大,说明均等化程度越低;反之,说明均等化程度越高。泰尔指数还可以将总差异分解为区域内差异和区域间差异。

6.1.4 主成分分析法

在多指标体系评价中,为了进行全面、系统的评价,必须考虑众多影响因素,设立多个指标。每个指标都在不同程度上反映了所评价对象的某些信息,并且指标之间彼此有一定的相关性,因而指标反映的信息在一定程度上有重叠,而且指标太多会增加计算量和评价的复杂性。主成分分析法可以利用降维的思路,将原来过多的、具有错综复杂关系的指标变量重新组合成一组新的相互无关的几个综合变量,同时根据实际需要从中取出几个较少的综合变量尽可能多地反映原来变量的信息,而且各个综合变量的权重是由各自方差贡献率决定,可以避免主观赋权的随意性。

6.1.5 变异系数法

变异系数法是根据各个指标在所有被评价对象上观测值的变异程度来对其赋权,是一种客观赋权的方法。在评价指标体系中,指标取值差异越大的指标,也就是越难以实现的指标,这样的指标更能反映被评价对象之间的差距。将标准差与平均数的比值称为变异系数,记为 CV,公式表示为:

$$CV = \frac{\sigma}{\mu}$$

其中,σ 为标准差,μ 为均值。变异系数反映数据离散程度的绝对值,其数据大小受观测值离散程度的影响。观测值变异程度大的指标说明能够较好地区分各个方案或指标,应赋予较大的权数,反之,则赋予较小的权数。而且,变异系数还受观测值平均水平的影响。一般来说,观测值平均水平高,其离散程度的测度值也大,反之越小。

6.2 主观指标数据的调查测评

为全面反映人社领域基本公共服务均等化的发展状况,本课题构建了以客观指标为主、主观指标为辅的多指标评价体系。客观指标数据可以通过相关企业填报、下级单位逐级上报、统计资料查询等方式获取,而主观指标的获取比较困难,在经费、人员、时间、技术等方面有一定要求,可以由主管部门或委托第三方机构,以专项调查的方式获取,本节仅对主观指标的调查测评流程进行简要概述。

6.2.1 调查方法的选择

人社领域基本公共服务的种类多样,受众面广,构成成分复杂,既有企业又有个人,既有城镇居民又有农村居民,因此,问卷调查法和电话访谈法是主观指标数据调查测评的主要方法。

1)问卷调查法

问卷调查是获取主观指标数据较常用、较有效的方法,是用于收集第一手资料的最普遍的工具,是沟通人社部门与受服务对象之间信息交流的桥梁,通过问卷调查,人社部门可以了解受服务对象的实际需求以及对相关公共服务的评价等,从而有利于相关部门做出科学决策。

2) 电话访谈法

电话访谈法是以通话形式,根据被询问者的答复搜集事实材料,以准确说明样本所要代表总体的一种方式,可分为结构化访谈和非结构化访谈。该方法具有可行性高、调查范围广、成本低、效率高的优势,适用于调查受访者地域分布广、时间跨度大的情况。为确保电话访谈的一致性和信息的真实性、准确性,主要采用结构化电话访谈,并在最后加入少量非结构化访谈题目,不仅确保了测评方法的客观性、系统性,还保持了一定程度的灵活性。

6.2.2 调查工具的编制

1) 调查问卷设计

问卷设计是否科学直接影响到调查成功与否。调查问卷的结构通常包括五个部分:调查介绍、被调查者的基本情况、调查项目(问卷的主体,范例见附录1①)、调查者的情况、填写说明与注释。设计调查问卷的原则主要有:

(1)主题明确。根据调查目的,确定问卷的主题,问题要突出重点。

(2)有针对性和必要性。严格按照调查目的提问,所有项目都是必需的,不遗漏也不浪费。

(3)结构合理。问题的排序应有一定的逻辑顺序,符合被调查者的思维程序,层次分明,由易到难,由简单到复杂,由浅入深,由近及远。

(4)通俗易懂。人社领域的被服务对象在年龄、社会阶层、受教育程度等方面差异较大,因此调查问卷应既简明又准确,问题清楚具体,用词准确简洁,含义明晰单一,要使被调查者一目了然,不发生歧义,并愿意如实回答。调查问卷中语言要平实,尽量通俗化、口语化,避免用生僻字、外文和专业术语,以便一般人能正确理解并顺利回答。对于敏感问

① 本范例仅为调查问卷的基本框架示范,实际调查中可根据具体业务及被调查对象的不同而加以调整和细化。另外,从操作简便出发,在范例中将"政策知晓率"替代为"信息公开",统一变为满意度调查,实际操作中亦可以将"政策知晓率"作为单独调查项目。

题应采取一定的技巧，使问卷具有较强的可答性和合理性。

(5)客观性。提问不带倾向性、暗示性、引导性，应保持中立态度，以求获得真实的调查结果。

(6)长度适宜。问卷中所提出的问题不宜过多、过细、过繁，应言简意赅，回答问卷时间不应太长。

(7)适于统计。设计时要考虑问卷回收后的数据汇总处理，尽量使用态度量表，应便于进行数据统计。

2)电话访谈提纲的编制

(1)相关词条搜集。搜集“政策知晓”“信息公开”“设施齐备程度”“便捷高效”和“服务质量”等相关文献、领导讲话和政府文件，从搜集到的资料中提取涉及公共服务的相关词条。

(2)非结构化访谈。对人社部门相关负责人、业务经办人员、部分服务对象以及相关专家进行访谈，对谈话内容进行编码，得到出现频次较高的相关词条。

(3)条目的整理分析。按照不同的分类标准将收集到的词条进行语义分析与统计分析，删除语意不明、文不对题和错误条目，合并语义相似的条目，将最终保留的条目分类归入“政策知晓”“设施齐备程度”“服务的便捷高效”和“服务质量”等维度，形成电话访谈提纲(范例见附录2)。

6.2.3 试测样本

选取与正式样本同质的代表性样本进行试测，发放问卷和电话访谈，发现并修改问卷设计和电话访谈内容的问题。

6.2.4 正式调查

确定调查样本范围和数量，采用随机分层抽样方法进行实际调查，可以采用邮寄、留置等方式发放问卷，对集中办理的业务也可采取现场发放的形式，还可以借助联机网络、计算机通信和数字交互式媒体等现代信息手段,利用 E-mail 问卷调研、网页上直接填答问卷和下载问卷进行调查。

在电话访谈中,调查人员应依据受访对象的实际情况,遵循以下原则:

(1)适应性原则。在调查中针对各种情况灵活应变,例如,受访对象无法用普通话交流,或者不理解调查内容,就灵活采用当地方言,或者改用更为浅显易懂的语句进行解释说明,以保证数据的真实性。

(2)高效性原则。避开受访人员休息、就餐等繁忙时间段进行电话访谈,并将访谈时间控制在 5 分钟之内,以保证访谈的效率和质量。

(3)耐心细致原则。在电话访谈时,调研人员要特别注意语气和蔼,尽量使用敬语,以减少受访对象的警惕心理,即使受访对象的情绪消极,调研人员也应保持足够的耐性和良好的态度。

(4)审慎原则。在访谈提问时注意客观中立的定位,避免带有暗示性和引导性的提问,同时在谈话中注意维护和塑造人社部门的良好形象。

6.3 指标体系评价方法说明

综合考虑各种多指标评价方法的特点,以及人社领域基本公共服务均等化评价的实际需要,本课题在评价方法选择上的原则是:

(1)为避免过度争议,不刻意追求标新立异,结合本课题的实际特点和业务部门的应用需要,参考大量已有的研究成果,尽量采用类似的评价方法,使评价方法的选择具有充分的理论及实践依据,有助于评价结果得到更广泛的认可。

(2)充分考虑评价方法的可操作性以及评价工作的效率,避免采用计算过于复杂的评价方法,尽量采用测算过程简单易懂,且可以依赖相关软件进行辅助运算的评价方法,以利于评价指标体系及评价方法的应用推广。

(3)考虑到今后评价需求的多样性,设计多套各有侧重的评价方案,从不同方面对各省区、重庆市各区县(区域)人社领域的基本公共服务均等化进程进行全面比较,供政府相关业务部门或研究机构酌情选用,拓宽指标体系的应用范围。

(4)利用主客观组合赋权法对指标体系进行评价。在主观方法方面,主要选用主观性更小、更科学的德尔菲法;在客观方法方面,主要选用在基本公共服务均等化评价中最为成熟和使用最为广泛的熵值法、泰尔指数法和主成分分析法。另外,优化主观和客观赋权法的组合运用方式,力求最大限度地扬长避短,将主观和客观赋权方法科学有效地应用于评价的各个环节,使评价客观、真实、有效。

(5)迄今为止,政府和学术界并没有给出一个人社领域基本公共服务均等化的标准模式和范例。基本公共服务以及均等化本身也在不断发展、演进、变化,而且各国各地区人社领域的基本公共服务以及均等化在具体形式上存在着许多差异,很难用一个统一或唯一的标准加以衡量,以一个"纯粹的"指标体系为参照系来衡量人社领域基本公共服务均等化的绝对程度是不现实的。但是,实现人社领域基本公共服务的均等化是实现"共享发展"的必由之路。出于这些考虑,这套指标体系的设计主要着眼于将各省区、重庆市各区县(区域)人社领域的基本公共服务均等化程度进行横向比较和排序,同时尽可能地近似反映各省区、重庆市各区县(区域)人社领域基本公共服务均等化程度沿时间顺序的变化,对它们的进步或退步做出评价。通过计算得出的均等化得分并不表示均等化的绝对程度,而是表示各省区、重庆市各区县(区域)在人社领域基本公共服务均等化进程中同均等化程度最高和最低的省份或区县(区域)相比的相对位置,是一个"相对得分",其含义在于:它并不是表明各省区、重庆市各区县(区域)本身离绝对的人社领域基本公共服务均等化还有多远,而只是比较在人社领域基本公共服务均等化进程中的均等化程度谁相对更高一些,谁相对更低一些,其目的也主要在于表明各省区、重庆市各区县(区域)之间在人社领域基本公共服务均等化进程中的差异。

6.3.1 方案一

基本思路:首先以三级指标合成二级指标,将各三级指标数据标准化(无量纲化)和正向化,得到各三级指标的标准化得分,然后使用熵值法与德尔菲法计算出各三级指标的权重,将所有三级指标的标准化得分与相应权重加权求和,得到相应的二级指标得分,再以二级指标合成一级指标,使用熵值法与德尔菲法计算出各二级指标的权重,将二级指标得分与相应权重加权求和，又可以求得相应的一级指标得分，以此类推，可以得到就业、社会保险、创业、人才、劳动保障等五个板块的得分，最终得到各省区、重庆市各区县（区域）人社领域基本公共服务综合得分，利用该综合得分可以对当年各省区、重庆市各区县（区域）人社领域基本公共服务情况进行排序。最后通过求标准差、比较均值等方法反映出历年来各省区、重庆市各区县（区域）人社领域基本公共服务均等化水平（程度）的变化。

以“就业基本公共服务均等化指标体系（适用于重庆市各区域或区县比较）”（表5-1）中重庆市38个区县的二级指标“就业促进政策”（1A）的计算为例，具体步骤如下。

第一步，建立全局评价矩阵并标准化。二级指标“就业促进政策”（1A）由1A1、1A2和1A3三个三级指标构成，首先建立评价系统的初始评价矩阵：

$$1A1 = \{(1A1)_i\}_{38\times1}$$

$$1A2 = \{(1A2)_i\}_{38\times1}$$

$$1A3 = \{(1A3)_i\}_{38\times1}$$

其中，$(1A1)_i$、$(1A2)_i$和$(1A3)_i$分别表示第i个区县三级指标1A1、1A2和1A3的值，$i=1,2,3,\cdots,38$。由于各三级指标在数量级及正负取向方面均有差异，需要对其按以下公式作标准化处理，标准化后的指标得分在1～100。由于本例中的三级指标1A1、1A2和1A3均为正向指标，则采用下式计算：

$$\overline{(1A1)_i} = \frac{(1A1)_i - (1A1)_{min}}{(1A1)_{max} - (1A1)_{min}} \times 99 + 1$$

$$\overline{(1A2)_i} = \frac{(1A2)_i - (1A2)_{min}}{(1A2)_{max} - (1A2)_{min}} \times 99 + 1$$

$$\overline{(1A3)_i} = \frac{(1A3)_i - (1A3)_{min}}{(1A3)_{max} - (1A3)_{min}} \times 99 + 1$$

如果三级指标1A1、1A2和1A3均为负向指标，则采用下式计算：

$$\overline{(1A1)_i} = \frac{(1A1)_{max} - (1A1)_i}{(1A1)_{max} - (1A1)_{min}} \times 99 + 1$$

$$\overline{(1A2)_i} = \frac{(1A2)_{max} - (1A2)_i}{(1A2)_{max} - (1A2)_{min}} \times 99 + 1$$

$$\overline{(1A3)_i} = \frac{(1A3)_{max} - (1A3)_i}{(1A3)_{max} - (1A3)_{min}} \times 99 + 1$$

$(1A1)_{max}$和$(1A1)_{min}$分别是当年$(1A1)_i$中的最大值和最小值。

第二步，计算指标信息熵。各三级指标的信息熵计算公式为：

$$e_{1A1} = -K\sum_{i=1}^{38}(1A1)_i'\ln(1A1)_i'$$

$$e_{1A2} = -K\sum_{i=1}^{38}(1A2)_i'\ln(1A2)_i'$$

$$e_{1A3} = -K\sum_{i=1}^{38}(1A3)_i'\ln(1A3)_i'$$

其中，$(1A1)_i' = \dfrac{\overline{(1A1)_i}}{\sum_{i=1}^{38}\overline{(1A1)_i}}$，$(1A2)_i'$ 和 $(1A3)_i'$ 以此类推，$K = \dfrac{1}{\ln 38}$。

第三步，估算各三级指标的权重：

$$w_{1A1} = \frac{1 - e_{1A1}}{3 - (e_{1A1} + e_{1A2} + e_{1A3})}$$

$$w_{1A2} = \frac{1 - e_{1A2}}{3 - (e_{1A1} + e_{1A2} + e_{1A3})}$$

$$w_{1A3} = \frac{1 - e_{1A3}}{3 - (e_{1A1} + e_{1A2} + e_{1A3})}$$

其中，$w_{1A1} + w_{1A2} + w_{1A3} = 1$。

第四步，由于熵值法所得到的权重受数据波动影响较大，为了得到更科学的结果，基于熵值法的权重，采用德尔菲法，根据专家意见对权重进行调整。

$$\hat{w}_{1A1} + \hat{w}_{1A2} + \hat{w}_{1A3} = 1$$

$\hat{w}_{1A1}$、$\hat{w}_{1A2}$ 和 $\hat{w}_{1A3}$ 分别为调整后三级指标 1A1、1A2 和 1A3 的权重。

第五步，计算二级指标“就业促进政策”(1A)的得分。1A 的得分是将所属三级指标 1A1、1A2、1A3 无量纲化处理的值与相应调整后权重加权求和。

$$S_{(1A)_i} = \hat{w}_{1A1} \cdot \overline{(1A1)_i} + \hat{w}_{1A2} \cdot \overline{(1A2)_i} + \hat{w}_{1A3} \cdot \overline{(1A3)_i}$$

各二级指标合成一级指标的计算方法以此类推即可。通过上述计算后，得到历年各省区、重庆市各区县(区域)人社领域基本公共服务的总体综合得分，可以每年进行排序，把握各省区、重庆市各区县(区域)每年排名的动态变化。为进一步反映各省区、重庆市各区县(区域)人社领域基本公共服务均等化程度，最简便且直观的做法是以各省区或重庆市各区县(区域)人社领域基本公共服务平均得分为准，将各省区或重庆市各区县(区域)得分与平均得分相比，如果比值大于 1，说明该省区或区县(区域)人社领域基本公共服务水平高于全国或全市平均水平，人社领域基本公共服务相对水平较高；如果比值小于1，说明该省区或区县（区域）人社领域基本公共服务相对水平较低。

还可以利用平均值和标准差来反映均等化水平。在概率统计中，标准差是反映一组数据离散程度最常用的一种量化形式，标准差为非负数值，且与测量对象具有相同单位，易于理解。标准差的定义是总体各单位标准值与其平均数离差平方的算术平均数的平方根，计算公式如下：

$$\sigma_t = \sqrt{\frac{1}{n}\sum_{i=1}^{n}(X_{it} - \mu_t)^2}$$

其中，σ_t 为第 t 年的标准差，μ_t 为第 t 年的指标值均值，X_{it} 为 i 省区或区县（区域）第 t 年的综合得分，n 为省区或区县（区域）个数。具体结合本课题而言：(1) 省际比较时，X_{it} 为第 t 年第 i 个（$n = 31$）省区人社领域基本公共服务均等化综合得分，μ_t 为第 t 年31个省区人社领域基本公共服务均等化的平均得分。(2) 重庆市各区县比较时，X_{it} 为第 t 年第 i 个（$n = 38$）区县人社领域基本公共服务均等化综合得分，μ_t 为第 t 年重庆市38个区县人社领域基本公共服务均等化的平均得分。

标准差越大，代表大部分省区或区县（区域）的人社领域基本公共服务均等化综合得分和其平均值之间差异越大，均等化水平越低；标准差越小，代表这些综合得分越接近平均值，均等化水平越高。

6.3.2　方案二

方案一可用于考察每年各省区或重庆市各区县（区域）人社领域基本公共服务均等化情况，但由于每年数据标准化的基准不一样，而且每年各指标的权重有所差异，因此原则上每年的得分在纵向上不可比，只能用于每年各省区之间或重庆市各区县（区域）之间的横向比较。为了使历年各省区或重庆市各区县（区域）的得分可以纵横向比较，课题组参考樊纲等编制市场化指数的做法①，设计了方案二。基本思路：根据每年每个省区或区县（区域）的三级指标值与基期年份最大和最小指标值的相对位置确定三级指标的标准化得

① 参见《中国市场化指数：各地区市场化相对进程2011年报告》。

分。若干三级指标合成二级指标，若干二级指标合成一级指标，若干一级指标合成就业、社会保险、创业、人才、劳动保障等五个板块的得分，五个板块的得分最终合成各省区、重庆市各区县（区域）人社领域基本公共服务综合得分。

仍以“就业基本公共服务均等化指标体系（适用于重庆市各区域或区县比较）”（表5-1）中由1A1、1A2和1A3三个三级指标构成的二级指标“就业促进政策”（1A）的计算为例，假设评价期间为2010—2016年，具体步骤如下：

第一步，采用相对比较法对三级指标数据进行标准化和正向化处理，将正向三级指标在基期年份（本例为2010年）的分区县最大值和最小值分别定义为100分和0分（负向指标则分别定义为0分和100分），为了使各省份的得分具有纵横向可比性，基期以后年份的最高和最低分允许大于100或小于0。由于本例中的指标1A1、1A2和1A3均为正向指标，则采用下式计算：

$$\overline{(1A1)_i} = \frac{(1A1)_i - (1A1)_{min}}{(1A1)_{max} - (1A1)_{min}} \times 100$$

$$\overline{(1A2)_i} = \frac{(1A2)_i - (1A2)_{min}}{(1A2)_{max} - (1A2)_{min}} \times 100$$

$$\overline{(1A3)_i} = \frac{(1A3)_i - (1A3)_{min}}{(1A3)_{max} - (1A3)_{min}} \times 100$$

如果指标1A1、1A2和1A3均为负向指标，则采用下式计算：

$$\overline{(1A1)_i} = \frac{(1A1)_{max} - (1A1)_i}{(1A1)_{max} - (1A1)_{min}} \times 100$$

$$\overline{(1A2)_i} = \frac{(1A2)_{max} - (1A2)_i}{(1A2)_{max} - (1A2)_{min}} \times 100$$

$$\overline{(1A3)_i} = \frac{(1A3)_{max} - (1A3)_i}{(1A3)_{max} - (1A3)_{min}} \times 100$$

其中，$(1A1)_i$、$(1A2)_i$ 和 $(1A3)_i$ 分别表示第 i 个区县三级指标1A1、1A2和1A3的值，$i = 1,2,3,\cdots,38$。与方案一不同的是，$(1A1)_{max}$ 和 $(1A1)_{min}$ 分别是基期（本例为2010年）$(1A1)_i$ 中的最大值和最小值。

第二步，利用spass等软件，采用主成分分析法确定每年各三级指标的权重，$w_{1A1} + w_{1A2} + w_{1A3} = 1$。为了避免因为改变指标的权重而导致不同年份数据不可比，用算术平均法计算评价期内（本例为2010—2016年）各三级指标的平均权重。

第三步，为了得到更科学的结果，采用德尔菲法等专家打分法，根据专家意见对上述平均权重进行修正和调整。

$$\hat{w}_{1A1}+\hat{w}_{1A2}+\hat{w}_{1A3}=1$$

$\hat{w}_{1A1}$、$\hat{w}_{1A2}$ 和 $\hat{w}_{1A3}$ 分别为调整后三级指标 1A1、1A2 和 1A3 的权重。

第四步，计算二级指标“就业促进政策”(1A)的得分。1A 的得分是将所属三级指标 1A1、1A2、1A3 无量纲化处理的值与相应调整后权重加权求和。

$$S_{(1A)_i}=\hat{w}_{1A1}\cdot\overline{(1A1)_i}+\hat{w}_{1A2}\cdot\overline{(1A2)_i}+\hat{w}_{1A3}\cdot\overline{(1A3)_i}$$

各二级指标得分合成一级指标得分、各一级指标得分合成五个板块的得分、五个板块的得分最终合成各省区、重庆市各区县(区域)人社领域基本公共服务综合得分，均以此类推。通过上述计算后，得到历年各省区、重庆市各区县(区域)人社领域基本公共服务的总体综合得分，然后再利用方案一的平均值和标准差等方法来评价均等化程度。

6.3.3 方案三

虽然对于精简版指标体系(表 5-21)亦可以沿用方案一、方案二的评价方法，利用平均值和标准差来观测各省区之间或重庆市各区县(区域)之间人社领域基本公共服务的均等化程度，但平均值和标准差的学术性较强，一般用于内部评价，如果公开评价结果，人们更希望看到以一种直观的指数形式来反映的均等化程度。因此，本课题以精简版指标体系为例，设计了第三种方案。

该方案的基本思路为：使用方案一或方案二计算出各地区基本公共服务综合得分，考虑各地区人口差异的因素，通过泰尔指数法，得到反映地区均等化程度的总泰尔指数，以及表示区域间和区域内人社领域基本公共服务水平的泰尔指数。以重庆市 38 个区县和主城、渝西、渝东南、渝东北四大区域泰尔指数的计算为例，具体步骤如下：

第一步，基于精简版指标体系，采用方案一或方案二的方法得出重庆市 38 个区县或四大区域人社领域基本公共服务水平综合得分。

第二步，计算泰尔指数。

方法一：采用泰尔指数的一般公式计算，公式为：

$$T = \frac{1}{n}\sum_{i=1}^{n}\frac{y_i}{\bar{y}}\lg\left(\frac{y_i}{\bar{y}}\right)$$

其中,如果 T 为重庆市泰尔指数,y_i 与 $\bar{y}$ 分别代表 i 区县的人社领域基本公共服务水平综合得分和所有区县的平均得分,n 为区县个数,即 38;如果 T 为重庆市四大区域中某区域的泰尔指数,则 y_i 与 $\bar{y}$ 分别代表该区域中 i 区县的人社领域基本公共服务水平综合得分和该区域所有区县的平均得分,n 为该区域所辖区县个数。

方法二:为了更准确反映重庆市各区县之间以及四大区域之间人社领域基本公共服务水平的差异,以及区域内部和区域之间的差距对重庆市总体差异的贡献,构造以各区县人口数为权重的泰尔指数,从而反映人口数的差异对各区县人社领域基本公共服务均等化的影响,具体计算公式如下:

$$T_j = \sum_{i=1}^{n}\frac{\frac{R_i}{R_j}}{\frac{Y_i}{Y_j}}$$

$$T_{区域间} = \sum_{j=1}^{4} R_j \times \ln\frac{R_j}{Y_j}$$

$$T_{区域内} = \sum_{j=1}^{4} R_j \times T_j$$

$$T_{总} = T_{区域间} + T_{区域内}$$

其中,T_j 表示第 j 区域人社领域基本公共服务水平的泰尔指数,$T_{区域间}$、$T_{区域内}$ 分别表示区域间和区域内的人社领域基本公共服务水平的泰尔指数,$T_{总}$ 表示重庆市人社领域基本公共服务的总泰尔指数,反映的是人社领域基本公共服务资源配置水平与各区县人口数量的匹配程度;n 表示 j 区域所辖区县个数,R_j 表示 j 区域的人口数占重庆市总人口数的比例,R_i 表示 i 区县的人口数占所属 j 区域人口数的比重;Y_j 表示 j 区域的人社领域基本公共服务水平综合得分占全重庆市综合得分的比例,Y_i 表示 i 区县的人社领域基本公共服务水平综合得分占所属 j 区域综合得分的比例。

附　录

附录 1

重庆市人力资源与社会保障局公共服务调查问卷

××××服务业务

（范 例）

您好，我们是重庆市人力资源与社会保障局的调查人员，特邀请您对人力资源与社会保障局的××××服务进行评价，感谢您的支持与帮助！

您办理的事项为：________________

类　别	对于以下描述的服务标准，请从"非常满意"到"不满意"进行评价，请在相应的位置打"√"	非常满意	比较满意	满意	不满意
信息公开	①人社局对业务事项进行了公示和介绍				
	②人社局所公示的信息简明、准确、及时				
	③人社局用多种形式渠道公示事项办理相关信息				

续表

类　别	对于以下描述的服务标准，请从“非常满意”到“不满意”进行评价，请在相应的位置打“√”	非常满意	比较满意	满意	不满意
设施齐备程度	④线上业务办理系统运行流畅，操作方便				
	⑤业务办理地点设施设备齐全，布局合理，设备配置人性化				
服务的便捷高效	⑥业务手续流程科学简便，所需材料简洁明了				
	⑦人社局工作人员办理事项及时，不推诿、不拖拉				
	⑧人社局工作人员熟悉所办事项的流程，操作熟练				
服务质量	⑨人社局工作人员言行文明，服务水平良好				
	⑩人社局工作人员工作耐心细致，态度好				
其他	⑪对改进人社局××××服务还有何意见和建议？				

附录2

重庆市人力资源与社会保障局公共服务电话调查提纲

××××服务业务

（范例）

您好，我们是重庆市人力资源与社会保障局的调查人员，将对人力资源与社会保障局的××××服务进行回访！希望您能配合。

被访问者姓名：__________________　电话：__________________

访问时间：____点____分　　通话时长：____分钟

访谈状态：

□正常；□未接听；□态度恶劣；□无法交流；□电话无效；□无故中断

类　别	对于以下描述的内容提问	满意	不满意
信息公开	①人社局对业务办理信息的公示是否充分、易懂		
设施齐备程度	②业务办理的软硬件设施设备是否齐全，是否易于操作		

续表

类　别	对于以下描述的内容提问	满意	不满意
服务的便捷高效	③业务办理流程是否简便，工作人员的办事效率是否快捷		
服务质量	④工作人员的态度是否温和、耐心		
其他	⑤对改进人社局××××服务还有何意见和建议？		

注：①在接通电话后，可对问题进行简单解释，方便被访问者回答；

②对于回答“不满意”的问题，要对原因进行追问；

③做好问答记录；

④没有接通或对方拒绝，做无效问卷处理，并记录情况。

参考文献

[1] KOTSOGIANNIS C, SCHWAGER R. Fiscal equalization and yardstick competition[R]. CESifo working paper,2006.

[2] SMART M. Some notes on equalization reform[J]. Document de travail. University of Toronto,2005.

[3] BOYNE G, POWELL M, Ashworth R. Spatial equity and public services: an empirical analysis of local government finance in England[J]. Public Management Review,2001,3(1):19-34.

[4] ROEMER J E. A pragmatic theory of responsibility for the egalitarian planner[J]. Philosophy & Public Affairs,1993:146-166.

[5] BERGSTROM T C, Goodman R P. Private demands for public goods[J]. The American Economic Review,1973:280-296.

[6] SAMUELSON P A. The pure theory of public expenditure[J]. The review of economics and statistics,1954:387-389.

[7] BUCHANAN J M. Federalism and fiscal equity[J]. American Economic Review,1950,40(4):583-599.

[8] PIGOU A C. The economics of welfare[M]. Transaction Publishers,1924.

[9] 国家《"十三五"推进基本公共服务均等化规划》.

[10] 国家《人力资源和社会保障事业发展"十三五"规划纲要》.

[11] 戴嘉莉.广东省惠州市基本公共服务均等化研究[D].广州:暨南大学,2016.

[12] 梁智毅.基于社会公平的广州市基本养老保险均等化研究[D].广州:华南理工大学,2016.

[13] 徐鹏庆,杨晓雯,郑延冰.政治激励下地方政府职能异化研究[J].财政研究,2016(6):39-53.

[14] 孙涛.政府责任、财政投入与基本公共教育均等[J].财政研究,2015(10):26-32.

[15] 董超群.关于我国基本公共服务均等化问题研究[D].太原:山西财经大学,2015.

[16] 李俊,齐铭鑫.大学生创业公共服务体系建设的内涵与思路[J].中国就业,2013(03):16-17.

[17] 郭小聪,代凯.国内近五年基本公共服务均等化研究:综述与评估[J].中国人民大学学报,2013(1):145-154.

[18] 李勇刚,高波,王璟.晋升激励、土地财政与公共教育均等化[J].山西财经大学学报,2012(12):1-9.

[19] 曾红颖.我国基本公共服务均等化标准体系及转移支付效果评价[J].经济研究,2012(6):20-32.

[20] 艾丽.中国公共服务均等化研究[D].武汉:武汉大学,2012.

[21] 张文礼,谢芳.西北民族地区基本公共服务均等化研究——基于宁夏基本医疗卫生服务均等化的实证分析[J].西北师大学报:社会科学版,2012(5):121-127.

[22] 豆建民,刘欣.中国区域基本公共服务水平的收敛性及其影响因素分析[J].财经研究,2011(10):37-47.

[23] 刘细良,刘迪扬.我国区域基本公共服务均等化实证研究[J].统计与决策,2011(5):96-98.

[24] 田发.财政转移支付的横向财力均等化效应分析[J].财贸研究,2010(2):70-75.

[25] 陈永正.城乡公共服务均等化视角下地方公共财政体制改革[J].财经科学,2010(1):83-90.

[26] 赵云旗,申学锋.促进城乡基本公共服务均等化的财政政策研究[J].经济研究参考,

2010(16):42-63.

[27] 樊继达."省直管县"财政体制与城乡基本公共服务均等化[J]. 中央党政干部论坛,2009(10):45-46.

[28] 龚金保. 支持公共服务均等化的财政制度建设[J]. 经济研究参考,2009(34):11-29.

[29] 刘蕾. 基本公共服务均等化内涵研究述评[J]. 长安大学学报:社会科学版,2009(3):69-73.

[30] 彭健. 促进城乡基本公共服务均等化的财政对策[J]. 财政研究,2009(3):46-48.

[31] 于江,徐光. 基本公共服务均等化:研究综述与反思[J]. 消费导刊,2009(21):27-33.

[32] 任强. 公共服务均等化问题研究[M]. 北京:经济科学出版社,2009.

[33] 郭庆旺,贾俊雪. 中央财政转移支付与地方公共服务提供[J]. 世界经济,2008(9):74-84.

[34] 郭宏宝. 公共服务均等化:理论评价与实际应用[J]. 当代财经,2008(3):29-33.

[35] 安体富. 公共服务均等化:理论、问题与对策[J]. 财贸经济,2007(8):48-53.

[36] 刘尚希. 基本公共服务均等化的目标是促进居民消费平等化[J]. 中国财政,2007(7):72-73.

[37] 傅勇,张晏. 中国式分权与财政支出结构偏向:为增长而竞争的代价[J]. 管理世界,2007(3):4-22.

[38] 常修泽. 中国现阶段基本公共服务均等化研究[J]. 中共天津市委党校学报,2007(2):66-71.

[39] 阎坤. 公共服务均等化问题研究[J]. 经济研究参考,2007(58):2-36.

[40] 张馨. 论财政监督的公共化变革[J]. 财政研究,2004(12):2-5.

[41] 高培勇,马蔡琛. 中国政府预算的法治化进程:成就、问题与政策选择[J]. 财政研究,2004(10):11-14.

[42] 亚当·斯密. 国民财富的性质和原因的研究[M]. 郭大力,王亚南,译. 北京:商务印书馆,1976.

[43] 人力资源百科[N/OL]. http://chinahr. h. baike. com/.